Ernst Bernheim

Zur Geschichte des Wormser Concordates

Ernst Bernheim

Zur Geschichte des Wormser Concordates

ISBN/EAN: 9783743682665

Hergestellt in Europa, USA, Kanada, Australien, Japan

Cover: Foto ©ninafisch / pixelio.de

Weitere Bücher finden Sie auf **www.hansebooks.com**

Zur Geschichte

des

Wormser Concordates

von

Dr. Ernst Bernheim
Privatdocent an der Universität in Göttingen.

Göttingen,
Verlag von Robert Peppmüller.
1878.

Vorwort.

In meiner Arbeit „Lothar III. und das Wormser Concordat" habe ich bemerkt, dass die durch das Wormser Concordat dem deutschen Könige verbrieften Rechte von Heinrich V., Lothar III. und Friedrich I. in sehr verschiedener Weise gehandhabt worden sind; bei weiterer Untersuchung fand ich, dass diese auffallende Erscheinung nicht durch die persönlich mehr oder weniger kirchenfreundliche Gesinnung des jeweiligen Herrschers zu erklären sei, sondern dass hier eine bewusste Vertretung verschiedener Parteistandpunkte vorliege, die nebst anderen in der Vorgeschichte des Concordats zu bestimmtem Ausdruck gekommen waren und auch nach dem Abschluss des Friedens weit über das Jahr 1122 hinaus fortbestanden; ja, es stellte sich heraus, dass die durch das Wormser Concordat nicht befriedigten Parteiforderungen sich geltend zu machen suchten in Fälschungen der Vertragsurkunde, welche der abweichenden Interpretation und Praxis die Sanction geschriebenen Rechtes verleihen sollten. So ergab sich gewissermassen eine innere Geschichte des Wormser Concordates, welche ich in drei Abschnitten behandeln will:

I. Die Wahl- und Investiturtheorien und die Programme der verschiedenen Parteien.
II. Das Wormser Concordat, dessen Auffassung und authentischer Text.
III. Verschiedene Handhabung des Concordates und Fälschungen desselben.

Einige allgemeine Ausführungen, welche in diesem Zusammenhange nicht entbehrt werden konnten und welche zum Theil noch nicht erörtert sind, muss ich im ersten Abschnitt voranschicken und späterhin, namentlich im dritten Theile, einflechten; man wird an diesen Stellen nicht die Detaillirtheit monographischer Darstellung verlangen.

Meinem Grossvater

Dr. med. A. Simon

praktischem Arzt in Berlin

zum

60jährigen Doctorjubiläum

am 6. Januar 1878

gewidmet.

Lieber Grossvater!

In früher Jugend hast Du als „freiwilliger Jäger" für die Befreiung des Vaterlandes von fremder Herrschaft mitgekämpft. Der Befreiung Deutschlands von fremder Autorität haben auch die Kämpfe gedient, denen ich meine ersten und einen liebsten Theil meiner ferneren Studien zugewandt habe, die Kämpfe zwischen Kaiserthum und Papstthum; denn durch dieselben ward zum ersten Male selbständiges politisches und religiöses Denken im deutschen Volke erweckt. Möchtest Du daher diese Blätter, die ich Dir zu einem so seltenen Festtage widme, als in Deinem Sinn und Geist geschrieben, mit einiger Freude entgegennehmen!

I. Die Wahl- und Investiturtheorien und die Programme der verschiedenen Parteien.

Als das Papstthum des 11ten Jahrhunderts den Kampf zur Befreiung der Kirche von weltlichen Einflüssen begonnen hatte, richtete sich sehr bald der nachdrücklichste Angriff gegen den Einfluss der fürstlichen Gewalt auf Wahl und Einsetzung des höheren Klerus. Allerdings war es ein starker Contrast, wenn man die Normen des alten Kirchenrechtes mit der allmälig zum Gewohnheitsrecht gewordenen staatlichen Praxis verglich. Die alte kanonische Wahl durch Volk und Klerus war meistens zur leeren Form geworden, der Wille des Fürsten gab, in wie verschiedenen Formen auch, meistens die Entscheidung [1]: unterthänig zogen die Vertreter des vakant gewordenen Stiftes an den Hof, die verwaisten Insignien, Stab und Ring, dem obersten Lehnsherrn zurückzugeben; aus dessen Hand empfing der neue Prälat die geweihten Zeichen seines Amtes zugleich mit dem Verfügungsrecht über Einkünfte und Besitzungen der Kirche, durch Investitur, wie ein anderer, weltlicher Vasall; und der Sitte gemäss bezeugte er meist durch beträchtliche Geldgeschenke dem Fürsten seine Dankbarkeit für dessen Huld. Ja, ganz wie ein weltlicher Vasall leistete der Erwählte den Treueid, und er, der nach strenger Vorschrift eigentlich garnicht schwören durfte, legte bei der Ceremonie des Hominium's seine heilige Priesterhand in die ungeweihte des Laien, um damit alle Verpflichtungen des Heer- und Hofdienstes auf sich zu nehmen, welche die Lehnspflicht ihm als Entgelt für die erhaltene Investitur auferlegte. Nichts von alledem in den ältesten, allbekannten Satzungen des Kirchenrechtes, welche Wahl und Weihe der Bischöfe regelten: da war nur von den Stimmen der Gemeinde, nur von

---

[1] vgl. Waitz V. G. VII, 275 ff.; die entgegenstehenden Ansichten Ficker's über das Verhältniss des hohen Klerus zum Könige sind durch Waitz nun widerlegt.

der Entscheidung des Metropoliten die Rede. Und aus diesen Sätzen ²) abstrahirte man allein — obwohl an anderen Stellen der Kirchenrechtssammlungen, namentlich in den späteren spanischen Concilien, manche Bestimmung über königlichen Einfluss zu finden war — das Ideal der freien kanonischen Wahl ³), mit dessen Verwirklichung man die Hauptschäden der Kirchendisciplin zu heilen hoffte; diese Sätze führte man in den Kampf gegen die simonistischen Wahlen der Zeit.

Aber man konnte dabei nicht stehen bleiben; man musste nothwendig zum Angriff auf die fürstliche Investitur fortschreiten. Sehr scharf ist das schon dargelegt in der bedeutungsvollen Schrift aus jenem Kreise von Cardinälen, die Leo IX. zur Durchführung seiner Reformen um sich gesammelt, in der Schrift des Cardinalbischofs Humbert Adversus simoniacos ⁴): „Quicumque ergo his duobus (scil. virga et anulo) aliquem initiant, procul dubio omnem pastoralem auctoritatem hoc praesumendo sibi vindicant; nam post haec encaenia quod liberum judicium de talibus rectoribus jam datis clerus plebs et ordo seu metropolitanus eos consecraturus habere poterunt, quid tantum superest rei nisi connivent?" ⁵). In der That, nach vorgängiger Investitur war der Candidat definitiv eingesetzt; von einer etwaigen Verwerfung desselben durch den Consecrator, dem doch das entscheidende Judicium zustehen sollte, und somit von einer freien Wahl im Sinne des alten Canons, konnte nicht mehr die Rede sein. Es ist dies der Punkt, um den der Streit der Parteien

---

²) Es sind namentlich die Stellen aus Leo des Grossen Dekretalen: Nulla ratio sinit, ut inter episcopos habeantur, qui nec a clericis sunt electi nec a plebibus expetiti nec a comprovincialibus episcopis cum metropolitani judicio consecrati, und: si in aliam forte personam partium se vota diviserint, metropolitani judicio is alteri praeponatur, qui majoribus et studiis juvatur et meritis, sowie eine andere Reihe von Stellen, die in die umlaufenden Kirchenrechtssammlungen Eingang fanden; man findet dieselben zusammengestellt bei Deusdedit, contra invasores, Mai nova bibliotheca patrum VII, 3, 79.

³) vgl. O. Meltzer, Papst Gregor und die Bischofswahlen 2. Aufl. S. 11 ff.; vgl. im Allgemeinen Petrus de Marca, de concordia sacerdotii et imperii lb. VIII.

⁴) vgl. Giesebrecht, die Gesetzgebung der römischen Kirche, Münchner historisches Jahrbuch für 1866 S. 118 ff.

⁵) lb. III cap. 6 Martène et Durand, Thesaurus novus anecdotorum V, 779; bei Migne, Patrologiae cursus completus Band 143, 1149.

sich später wesentlich drehen sollte, denn es handelte sich bei der Reihenfolge von Investitur und Weihe um die grosse Frage, wer der Herr des hohen Klerus mit allen seinen Machtmitteln sein sollte, ob der Fürst durch seine Investitur oder der kirchliche Obere durch seine Weihe: ging die Investitur voran, so war die nachfolgende Weihe vom politischen Standpunkte eine unwesentliche Ceremonie, und der Bischof war so gut wie Beamter des Fürsten; ging die Weihe voran, so war die nachfolgende Investitur ein politisch bedeutungsloser Act, und der Bischof war Beamter der Kirche. Ob letztere Alternative sich mit den bestehenden Staatsrechten vertrüge oder nicht, darum kümmerte man sich zunächst nicht; man griff die Investitur schlechthin an, weil das Unwesen der Simonie damit verbunden war, weil die Freiheit der Wahl dadurch beschränkt wurde, weil der Laie sich anmasste, kirchliche Symbole zu spenden, über kirchliches Amt, ja über das Gotteshaus selbst zu verfügen.

Soweit bewegte sich der Angriff noch immerhin auf kirchlichem Gebiet, schien nur Uebergriffe der weltlichen Macht hinausdrängen zu wollen; aber unmittelbar daran geknüpft war eine Folgerung, welche den Krieg auf das eigentlichste Gebiet des Staates verpflanzte [6]: man bestritt dem Staate zugleich das **Verfügungsrecht über das Kirchenvermögen**, indem man ihm das Recht der Investitur bestritt. Denn man war in der Anschauung der Zeit noch nicht gewohnt, zwischen geistlicher und weltlicher Investitur zu unterscheiden [7]. Wir müssen uns dies um so mehr vergegenwärtigen, da uns die Trennung dieser Begriffe so sehr geläufig ist, dass wir uns kaum vorstellen können, man habe zu einer Zeit nicht ohne Weiteres diesen Unterschied gemacht. Allein der Feudalismus hatte in allen Verhält-

---

[6] vgl. die Ausführungen von Meltzer a. a. O. 90 ff. und Giesebrecht a. a. O.

[7] Die Ansichten, welche Ficker in seiner Abhandlung „Ueber das Eigenthum des Reichs am Reichskirchengute" dargelegt hat, sind in den Punkten, die für diese Arbeit in Betracht kommen, durch Waitz V. G. VII 183 ff. als widerlegt anzusehen. Auf die theoretische Frage des Obereigenthums und auf die principiellen Gegensätze zwischen Kaiserthum und Papstthum einzugehen, habe ich in dieser enger begrenzten Schrift keinen Anlass; ich gebrauche absichtlich den Ausdruck „Verfügungsrecht", weil um diese praktische Frage, nicht um die des Eigenthums sich die Discussion jener Zeit dreht, vgl. Waitz V. G. VII, 196.

nissen Amt und Besitz so confundirt, dass man sich nicht darüber Rechenschaft ablegte, ob jenes ein nothwendiges Zubehör zu diesem sei oder umgekehrt. Und daher sah man auch die Verleihung eines Bisthums an als unzertrennlich verbunden mit der Verleihung der Einkünfte, Rechte und des Grundbesitzes [8]. Allerdings aber lag es auch in der ganzen Anschauung und im Interesse der angreifenden kirchlichen Partei, ausdrücklich zu betonen, dass die Güter und die Einkünfte von der Kirche nicht zu trennen seien, dass alles einer Kirche Geschenkte ein für allemal zu derselben gehöre. Und so stellte der Angriff auf die königliche Investitur nicht nur in Frage, wem die Controlle und der massgebende Einfluss über den hohen Klerus zustehe, sondern zugleich, wer die Verfügung über das Kirchengut haben solle.

Naturgemäss war es die königliche Partei, die um das Vordringen der kirchlichen Mächte auf's politische Gebiet zurückzuweisen, eine Schranke zwischen beiden Gebieten aufzurichten suchte, und sie that es zuerst anlässlich der Simonie, indem sie behauptete, dass man von Simonie bei der fürstlichen Investitur in keinem Falle reden könne, weil dadurch nicht das Amt, sondern nur der dazu gehörige Besitz erlangt werde [9]. Aber dergleichen waren nur erst vorübergehende Einfälle; es bedurfte erst der grossen durch Gregor hervorgerufenen Conflicte, damit diese Fragen tiefer und ernster erfasst würden und der erlösende Gedanke einer Trennung staatlicher und kirchlicher Functionen zu Tage gefördert würde.

Gregor VII. stellte bekanntlich die kühnsten Theoreme seiner Partei als allgemeine Kirchengesetze hin, mit dem eisernen Willen, dieselben auch praktisch durchzusetzen, ja, er überbot jene Theoreme noch. Um die Idee des Gottesstaates zu verwirklichen, hielt er es für unumgänglich, dass der Stellvertreter Christi die Controlle über die Kirchenbeamten und das Kirchen-

---

[8] vgl. Waitz V. G. VII, 196 und 284; Giesebrecht a. a. O. Dass frühere Kirchenschriftsteller wie Augustin, oder Päpste wie Paschal I., noch nicht verlernt haben, das zu scheiden, wird nicht befremden.

[9] Petrus Damiani erzählt von zwei Capellanen Herzog Gottfrieds die Aeusserung: non distrahitur ecclesia, sed facultas; nec emitur sacerdotium, sed possessio praediorum; Dam. opp. ed. Cajetan 1664, I, 8 in epist. 13 (geschrieben vor 1069, s. Neukirch, das Leben des Petrus Damiani, Göttingen 1875 S. 110); vgl. vorige Note.

vermögen in seiner einzigen Hand vereine. Meltzer hat in seinem Buche die Tendenzen Gregor's in dieser Richtung eingehend dargelegt: betreffs des Kirchenvermögens sprechen sich dieselben am unzweideutigsten aus in dem Canon der Fastensynode von 1078, den uns Berthold überliefert hat [10]), und in den Canones 2 und 3 der Novembersynode von 1078 [11]); betreffs der Wahlen im Canon 6 der Fastensynode von 1080 [12]). Darnach ergiebt sich folgendes Schema für die rechtmässige Einführung des Kirchendieners:

1) Wahl durch Volk und Klerus am Orte der Sedisvakanz unter Aufsicht eines vom Metropoliten oder vom Papste delegirten Visitators.

Bei irgendwie ordnungswidrigen (also auch bei zwiespältigen) Wahlen Verlust des Wahlrechtes für die Wähler und Uebergang desselben an den Metropoliten oder den Papst.

2) Bestätigung und 3) Weihe durch den Metropoliten oder den Papst mit Ueberreichung von Ring und Stab, wodurch zugleich die Investitur in den Besitz der Kirchengüter und -einkünfte als vollzogen gilt.

Man sieht, jeder Gedanke an eine Trennung geistlicher und weltlicher Rechte lag Gregor fern: „Amt und Gut sollten nur noch von geistlicher Hand ertheilt werden", dem fürstlichen Arm jeder Einfluss auf die Besetzung der Aemter und jedes Anrecht an den Kirchengütern entzogen sein — eine geradezu vernichtende Einbusse für das Reich.

Dieser extremen Tendenz des Papstthums gegenüber hielt das Königthum ebenso extrem an seinem alten Rechte fest:

1) Wahl allerdings durch Volk und Klerus, aber mit dem üblichen Einfluss des Königs, event. sogar Ernennung.

---

[10]) M. G. SS. V, 306; vgl. Meltzer a. a. O. 137 und 225.

[11]) Registrum Gregorii VI, 5b bei Jaffé bibl. II, 332; Mansi, sacrorum conciliorum nova et ampl. collectio XX, 509; vgl. Meltzer, 147; Giesebrecht, 141.

[12]) Mansi a. a. O. 533; vgl. Meltzer, 163. — Dass von Gregor die Abschaffung der kanonischen Wahl durch Volk und Klerus und die Einführung der Capitelwahlen datire, ist eine vielverbreitete literarische Sage: Gregor hat nur durch seine Wirksamkeit — wie auf manchem anderen Punkt so hier — Anstösse gegeben, welche unter Hinzutreten ganz verschiedener, von ihm weder gewollter noch geahnter Umstände erst im 13. Jahrhundert zu den Capitelwahlen führten.

2) Bestätigung durch den König.
3) Investitur mit Ring und Stab durch den König; dagegen Leistung der Lehnspflichten seitens des Prälaten.
4) Weihe durch den Metropoliten.

So hielt es Heinrich IV. in der Praxis fest, so formulirt es die gleich unten zu erwähnende Fälschung der königlichen Partei, das angebliche Dekret Leo's VIII. um's Jahr 1084 [13]), und so vertritt es ein Mann der alten Schule, Sigebert von Gembloux, noch 1103 in seiner Streitschrift für die Lütticher Kirche [14]). Man vertheidigte diesen Standpunkt als durch das Gewohnheitsrecht geheiligt [15]), während die Gegner die Gültigkeit eines gegen die Kirchengebote verstossenden, und somit unsittlichen Gewohnheitsrechtes bestritten [16]). Da griff man, schwach genug, zu der Aushülfe, die gefährdeten königlichen Rechte als Privilegien Hadrian's I. und Leo's VIII. an Karl den Grossen und Otto I. hinzustellen, um dieselben durch gefälschte oder erfundene Urkunden womöglich zu sanctioniren [17]).

Auf so entgegengesetzter Basis konnte von einer Verständigung nicht die Rede sein — die Aussicht auf eine solche eröffnete sich erst, als man beiderseits des furchtbaren Kampfes müde zu werden begann und darauf dachte, vom principiellen Standpunkte abzulassen und durch gegenseitige Concessionen einen modus vivendi herzustellen, in dem letzten Jahrzehnte des Jahrhunderts.

Selbst schroffe Gegner der königlichen Partei konnten sich endlich doch der Einsicht nicht verschliessen, dass es eine gerechte Forderung der Könige sei, über die Reichsgüter und Regierungsrechte eine gewisse Verfügung zu behalten, welche von ihnen und ihren Vorfahren den Kirchen nach Art der Lehen

---

[13]) bei Floss, die Papstwahl unter den Ottonen 163: insuper episcopos in provinciis eligendi et ordinandi habeat potestatem (scil. rex Romani imperii), ut si quis episcopatum desiderat, ab eo reverenter annulum ac pastoralem suscipiat virgam. Sed si a cuncto populo et clero quis eligitur episcopus, nisi primum ante conspectum principis ducatur et ab eo laudetur et investituram susceperit, non consecretur. Vgl. meine Abhandlung in Forschungen z. deutsch. Gesch. XV, 618 ff.

[14]) Jaffé bibl. rer. Germ. V, 215 ff.

[15]) Sigebert von Gembloux a. a. O.; Wenrich von Trier bei Marténe et Durand, Thesaurus I, 228 med.

[16]) Anselm von Lucca bei Canisius, Lectiones antiquae ed. Basnage III, 383; Hildebert von Le Mans, opp. ed. Beaugendre, ep. 29 S. 129.

[17]) vgl. Forschgen. z. deutsch. Gesch. XV, 658; Waitz V. G. VII, 274.

und in Erwartung der dafür schuldigen Lehnsdienste übertragen worden seien, dass es eine zu gewaltige Einbusse sei, wenn die Regierung plötzlich die Leistungen, zu denen die Reichskirchen bisher verpflichtet waren, entbehren sollte. Sah man das aber ein, dann war es ein ungenügender Trost, wie der Bischof von Châlons ihn später bereit hatte, die Leistungen an das Reich sollten erhalten bleiben, auch wenn der Bischof Nichts aus der Hand des Königs empfange [18]); denn dann war die Grösse und Stetigkeit dieser Leistungen in das jeweilige Belieben des Bischofs gestellt. Kurz, man fand sich genöthigt, hier einen Schritt zurück zu thun; schon der fanatische Gregorianer Manegold bestreitet in seiner Schrift 1083—85 geradezu, dass Gregor mit seinem Investiturverbot alles Kirchengut der Verfügung der Laien habe entziehen wollen: er habe nicht auch die Lehen gemeint, sondern nur die nächst den Oblationen speciell zu Pietätszwecken bestimmten Zehnten [19]), — eine Meinung, die freilich durchaus nicht der Gregor's entspricht, noch von correcteren Parteimännern getheilt ward, aber doch bei Gregor's Anhängern Raum finden konnte, weil die extremsten Formulierungen der Decrete, welche alle Benefizien einschlossen, nicht allgemein publicirt worden waren [20]). Man mag in diesem Zusammenhange auch die Notiz bei Berthold [21]) über König Rudolf's Praxis berücksichtigen, welche die positive Ergänzung zu Manegold's ne-

---

[18]) Jaffé bibl. V, 354 und 359.

[19]) s. Giesebrecht in Sitzungsberichte der kgl. bayrischen Akad. d. Wissenschaften, Jahrgang 1868 Band II, 302; die betreffende Stelle citirt Giesebrecht, Gesetzgebg. der röm. Kirche a. a. O. 138 Note 42 aus der bisher ungedruckten Schrift Manegold's.

[20]) vgl. Giesebrecht, Gesetzgebg. d. röm. Kirche a. a. O. 138 betreffs des Dekrets von der Fastensynode 1078; betreffs der Novembersynode 1078 ist zu bemerken, dass der Ausdruck praedia ecclesiastica immerhin noch jener Auslegung Manegold's Raum lässt.

[21]) M. G. SS. V 309, 49; ich theile die Ansichten von Giesebrecht a.a.O. 137 und Meltzer a. a. O. 139 über diese Stelle nicht, dass damit eine Verzichtleistung Rudolf's auf alle königlichen Hoheitsrechte gemeint sei: obgleich Berthold die Handlungsweise des Königs als Gehorsam gegen das Dekret der Fastensynode darstellt, das dem Sinne nach offenbar alles Kirchengut eximiren soll, bezieht doch auch Berthold selbst diese Exemtion nur auf die namentlich angeführten ecclesiae, ecclesiasticae decimae et dignitates (a. a. O. 310 Zeile 5 ff.), so dass dem Könige eben die Verfügung über das, quicquid regii juris fuerit, bleibt.

gativer Angabe bildet, indem der König dem Bischof von Augsburg übertrug, quicquid regii juris fuerit in procurandis bonis ecclesiasticis.

Die königliche Partei ihrerseits erwarb sich wieder das Verdienst, die begriffliche Scheidung zwischen geistlichem Amt und äusserlichem Besitz zu entwickeln: Wido von Ferrara, der Anhänger Wibert's ist es, der in seiner ca. 1091 geschriebenen Streitschrift mit überraschender Schärfe zwischen spiritualia und saecularia oder res ecclesiasticae unterschieden hat, um den Schluss zu ziehen, dass dem Könige die Aufsicht und Verfügung über die letzteren zustehen müsse [22]). Man war damals in diesen Kreisen noch nicht geneigt, selbst nur die oblationes, decimae und Privatschenkungen an Land als specielles, unabhängiges Kirchenvermögen gelten zu lassen — nur das Gotteshaus selbst mit seinen Altären, nur das Priesteramt sollte dem königlichen Rechtskreise entzogen, alles Weltliche dagegen sollte regii juris sein [23]); und der greise Vorkämpfer der guten alten Zeit, Sige-

---

[22]) M. G. SS. XII, 177; vgl. Waitz V. G. VII, 284. — Es scheint Einem auf den ersten Blick befremdlich, dass selbst die Oblationen i. e. S., d. h. die Liebesgaben an Naturalien und Pretiosen, die regellos von Einzelnen geschenkt wurden, mit zu den, weltlicher Controlle unterstehenden, Temporalien gezählt sein sollten, allein wir wissen, dass selbst die an einem Altar oder einer Capelle zu erwartenden Spenden zum Gegenstand benefiziarischer Uebertragung gemacht wurden, sogar tageweise. Vgl. Thomassin, vetus ac nova disciplina III, 49 ff.

[23]) Wido stellt a. a. O. Zeile 13 omnia quae a mundi principibus et saecularibus hominibus ecclesiis conceduntur als saecularia den spiritualia gegenüber und nimmt von den res ecclesiasticae, über welche dem Könige die Verfügung zustehe, Zeile 33, nur parietes sacros und altaria aus; auch der Verfasser des 1109 geschriebenen Tractatus de investitura episcoporum begreift alles den Kirchen in fundis et mobilibus von irgend welchen Laien irgendwie Uebertragene unter den temporalia oder res ecclesiasticae, welche die Könige durch Investitur zu bestätigen haben (s. Note 45). Es ist also nicht begründet, wenn Ficker a. a. O. S. 60 die Mobilien ausschliesst.

Man hat in dieser Zeit, von königlicher Seite, auch geradezu die Bezeichnung regalia in diesem weiten Umfang gebraucht, vgl. Waitz V. G. VII, 196. M. G. LL. II 71, 15: quamvis ille per investituras illas non ecclesias, non officia quaelibet, sed sola regalia se dare assereret; und Wido gebraucht a. a. O. Zeile 14 identisch mit saecularia den Ausdruck praedia omniaque regalia, wo das omniaque offenbar den Sinn hat „kurz alle". Daneben verwendet man das Wort regalia natürlich im gewöhnlicheren engeren Sinne; vgl. Note 27.

bert, rief es mit den Worten Augustin's den Gegnern zu: „Nolite dicere, quid mihi et regi! Quid tibi ergo et possessioni?" [24]) So legte man von rein politischem Gesichtspunkte aus dem Klerus den Gedanken nah, sich seines weltlichen Besitzes und der damit verbundenen Abhängigkeit zu entschlagen und rein und frei seines Amtes zu walten, denselben Gedanken, der vom dogmatischen Gesichtspunkt aus zur selben Zeit lebhaft in häretischen Sekten sich regte, ja bereits von Wanderpredigern mit dem Hinweis auf das apostolische Zeitalter in weitere und höhere Kreise getragen wurde [25]).

Und plötzlich trat dieser Gedanke nur etwas modificirt auf die politische Bühne, um für einen Augenblick die Situation zu beherrschen, als Papst Paschalis unter dem Drucke der bedrohlichen Nähe Heinrich's V. jenen bekannten Ausweg einschlug, dem er selbst im Princip wohl zugethan war und für den er in ähnlichen Gesinnungen eines Theils des Klerus Entschuldigung, wenn nicht Sympathie erhoffen mochte [26]): Paschal schlug vor und schloss im Februar 1111 jenen Vertrag mit dem König, wonach dieser auf die Investitur verzichtete, während der Papst verhiess, den hohen Klerus zur Herausgabe nun allerdings nicht alles Kirchengutes, aber aller den Kirchen vom Reich verliehenen Regierungsrechte und Güter zu vermögen, die nun speciell unter dem Namen der regalia zusammengefasst wurden. Bemerkenswerth für die Entwicklungsgeschichte der Investiturbegriffe ist dieser Vertrag durch zweierlei: einmal dadurch, dass der König die Oblationen und Zehnten, die Mobilien also, und alle Schenkungen von Privaten als unmittelbares Kirchengut anerkannte, also die frühere extreme Ansicht aufgab; und zweitens dadurch, dass Paschal unumwunden einen Unterschied zwischen unmittelbarem Kirchengut und zwischen Reichskirchengut anerkannte [27]).

---

[24]) Jaffé, bibl. V, 215.
[25]) vgl. Neander, der heilige Bernhard und sein Zeitalter, 2. Aufl.; meinen Aufsatz in Histor. Zeitschr. XXXV, 5.
[26]) vgl. im Allgemeinen Giesebrecht, Gesch. d. deutschen Kaiserzeit III, 807 ff.; in der abweichenden Ansicht über Paschal's Politik folge ich soweit Schum, die Politik Papst Paschal's II. gegen Kaiser Heinrich V. im Jahre 1112, als Separatabdruck aus den Jahrbüchern der Akad. gemeinnütziger Wissenschaften zu Erfurt, Heft 8, 1877 erschienen.
[27]) Letzteres hebt besonders hervor Schum a. a. O. S. 11. — Dass es nöthig war, in der Urkunde einzeln anzuführen, was man unter regalia

Von beiden Seiten machte man also eine Concession, und wenn diese auch nur eine theoretische blieb, so war damit doch einmal eine Basis, auf die man früher oder später zurückkommen konnte und zurückgekommen ist, gefunden. Freilich weiss man, wie dieser Vertrag von 1111 zunächst unter dem Tumult deutscher und italienischer Prälaten und Reichsfürsten vereitelt worden ist und Heinrich V. völlig auf den extremsten Standpunkt zurückgriff, indem er das Investiturprivileg im alten Sinne vom gefangenen Papste erpresste [28]).

Es hatte sich aber inzwischen eine völlige Verschiebung der Parteien vollzogen, wodurch sich um dieses Privileg und speciell um die Investitur ein folgenreicher Kampf mit theilweise ganz anderen Motiven als den bisherigen entspann.

Durch Wibert's Tod, durch Heinrich's IV. Absetzung war an und für sich der Streit in eine andere Phase getreten [29]): die principielle Leidenschaft machte den mehr praktischen Gesichtspunkten Platz. Letztere spielten namentlich eine Rolle bei jener grossen Reihe von Bischöfen, welche die verbotene Investitur aus Königshand genommen und hernach, um sich zu sichern, die Bestätigung und Weihe vom Papste in Rom selbst eingeholt hatten. Dieses Erzeigen ihrer Obedienz verschaffte ihnen in Rom Verzeihung und ein für allemal sichere Gunst, und es schadete ihnen nicht beim Könige, da sie fortfuhren, gegen denselben ihre schuldige Treu- und Lehnspflicht zu üben. Es waren das Männer, wie Otto von Bamberg, dessen Stellung von diesem Gesichtspunkt noch garnicht berücksichtigt ist, Ivo von Chartres, Bruno von Trier und noch viele andere sowohl in Frankreich wie in Deutschland [30]), deren aller Stellung das Wort der Gesta Trevirorum [31]) über Bruno treffend bezeichnet: „ita catholicorum amplexus est consortium, ut imperatori

---

verstehen wolle, folgt eben daraus, dass man sich über den Umfang dieses Begriffes damals noch keineswegs einig war, wie oben erörtert. Vgl. Ficker, Ueber das Eigenthum des Reichs etc. S. 62.

[28]) vgl. Giesebrecht, Gesch. d. deutsch. Kaiserzeit III, 814 ff.

[29]) vgl. meine Abhandlung: Forschungen z. deutsch. Gesch. XVI, 285.

[30]) Ivonis Carnotensis opp. omnia, Paris. 1647, II, 101 r. in Epist. 236: videmus autem in partibus Germaniarum et Galliarum multas honestas personas purgato isto naevo (scil. investitura) per quamlibet satisfactionem pastorales virgas reddidisse et per manum apostolicam refutatas investituras recepisse.

[31]) M. G. SS. VIII, 193, 28.

debitum non negaret obsequium, neque ita se caesarianorum communione contaminaverat, ut catholicorum offensas incurreret." Diese Männer, die vermöge ihrer Situation ganz von selbst eine Vermittlungspartei bildeten, bekamen nun eine entscheidende Bedeutung für die Kirchenpolitik, da ein Papst von so geringem Talent und so geringer Thatkraft wie Paschal den grossen Vorgängern gefolgt war. Die übergewaltige Macht nämlich, welche das Papstthum seit Gregor errungen und auf die ihm nächst geordneten Glieder der Hierarchie übertragen hatte, vermochte Paschal nicht in seiner Hand zu zügeln und festzuhalten. Die Legaten, Primaten und Metropoliten massten sich eine geradezu päpstliche Autorität in ihren Bezirken an, und eine grenzenlose Herrschsucht entwickelte sich bei diesen hohen Kirchenhäuptern in der freien Bewegung des Kampfes; sie wollten Niemandem Gehorsam schulden, wollten unumschränkte Kirchen- und Landesfürsten zugleich sein, jene Joceran von Lyon, Girard von Angoulême, Adelbert von Mainz, Friedrich von Cöln, Guido von Vienne, zu deren Charakteristik das Girard zugerufene Wort Gottfrieds von Vendôme [32]) genüge: „quasi alterum papam vos fecistis." Diese Männer der hierarchischen Ultrapartei hatten ausser den kirchlichen, principiellen also sehr persönliche Motive, für die extremsten Forderungen einzutreten: sie kämpften zugleich für ihre Unabhängigkeit vom Landesfürsten und für die Herrschaft über ihre Suffraganen, die völlig in ihre Hand gerieth, wenn die Investitur, die eigentliche Amtseinsetzung, dem Könige entzogen ward und nebst dem Acte der Weihe ihnen zufiel. Daher hassten sie die fürstliche Investitur vielleicht noch fanatischer als die mit ihnen zusammengehenden [3]) Mönche gregorianischer Richtung aus rein kirchlichen Gründen: daher ihre unbegrenzte Wuth, als Paschal dem Kaiser das Investiturprivileg ertheilt hatte.

Persönlichste Motive mischten sich so auf beiden Seiten in

---

[32]) Bei J. Sirmond opp. varia III. 665 in Epist. 11
[33]) vgl. das Gedicht gegen die Mönche von Hirschau bei Goldast, Apologie pro Henrico IV S. 234: ambos damnandos et ab ecclesia removendos (scil. Paschalis und Heinrich V.); auch Mönche auf Bischofsstühlen, wie Anselm von Canterbury, gehören dieser Partei an: vgl. Anselm opp. Paris 1721 S. 447 den Brief an Joceran und S. 381 den an Wilhelm von Hirschau.

den Principienkampf und gaben demselben eine veränderte Tendenz. Jene Vermittlungspartei, die Vertheidiger der Investitur, schützten jetzt die heilige Autorität des römischen Stuhls vor denen, die anscheinend die orthodoxesten Ansichten vertraten: sie setzten es durch, dass die Investitur nicht zur Häresie erklärt wurde, wie jene Fanatiker wollten [34]), und ihre vermittelnde Ansicht gewann mehr und mehr Boden und Einfluss, als durch den Widerruf des Investiturprivilegs seitens Paschal's 1112 die grossen Streitfragen von Neuem der Erörterung der Parteien anheim gegeben waren, als, namentlich in den Jahren 1114—18, eine lebhafte Opposition gegen die eigenmächtigen Synoden und Excommunicationen jener hohen Prälaten, wie Adalbert von Mainz, Friedrich von Cöln, Adelgot von Magdeburg, Conrad von Salzburg, gerade im deutschen Episkopat rege ward [35]). Denn nun begann man allseitig noch ernstlicher, bei der theoretischen Entwicklung seiner Ansichten doch die Möglichkeit eines Ausgleichs in's Auge zu fassen, und selbst von den extremsten Richtungen wurden Vorschläge zu einem modus vivendi formulirt.

Hiermit kommen wir zu den Theorien und praktischen Vorschlägen, welche die Entstehungsgeschichte des Wormser Concordates eigentlich bestimmt haben und auch darüber hinaus von Bedeutung gewesen sind, da sie aus dem Schosse der verschiedenen Actionsparteien hervorgingen.

Und zwar müssen wir zuerst die Vorschläge der eben charakterisirten Vermittlungspartei berücksichtigen, weil dieser natürlich auch die extremen Parteien sich mehr oder weniger näherten, sobald sie sich anschickten, Concessionen zu machen. Ivo von Chartres ist der geistige Führer dieser Partei, der dadurch auch für die deutsche Geschichte von eminenter Bedeutung geworden ist. In mehreren seiner Briefe entwickelte er seine kirchenpolitischen Ansichten, und dieselben sind namentlich durch den

---

[34]) vgl. Schum, die Politik Papst Paschals II. etc. S. 23 ff.; Giesebrecht, Gesch. d. deutsch. Kaiserzeit III, 826 ff.

[35]) Diese Bewegung hat Gervais, Politische Gesch. Deutschlands unter der Regierung der Kaiser Heinrich V. u. Lothar III. S. 241 sehr gut geschildert; ich behalte mir vor, bei anderer Gelegenheit auf diese ganze kirchenpolitische Entwicklung einzugehen, die ich hier nur anzudeuten hatte.

Brief an Hugo von Lyon, den er 1097 als Flugschrift herausgab [36]), von weitester Verbreitung und von grösstem Einfluss gewesen. Ivo tritt sehr entschieden und systematisch für die Trennung der geistlichen und weltlichen Momente bei Wahl und Investitur ein: er scheidet zwischen spiritualia und bona exteriora quae de munificentia regum obtinent ecclesiae [37]), und scheint unter letzteren alle Kirchengüter (incl. decimae etc.) zu begreifen, denn er sagt an einer anderen Stelle [38])· quia dispensationes rerum temporalium regibus attributae sunt; über diese gesteht er den Fürsten durchaus ein Verfügungsrecht zu; wenn der Fürst nur den wider die Canones angemassten Einfluss auf die Wahlen und die Spendung der geistlichen Symbole, des Ringes und Stabes, aufgebe nach kanonisch vollzogener Wahl, findet er kein kirchliches Bedenken dagegen, dass der weltliche Herr die Wahl bestätige und die Temporalien durch einen ceremoniellen Act der Investitur mit weltlichen Symbolen verleihe [39]). Diese weltliche Investitur stellt er als concessio der mit der Weihe verbundenen geistlichen Investitur gegenüber [40]). Somit ergiebt sich nach Ivo's Ansichten

---

[36]) Sigebert von Gembloux kennt denselben als einzelne Schrift und führt ihn als solche an in seinem Werke De scriptoribus ecclesiasticis cap. 167 bei J. A. Fabricius bibl. ecclesiast. S. 117; im Codex Pl 9, 64 der kgl. Bibliothek zu Bamberg und Cod. No. 5603 zu Brüssel steht der Brief ebenfalls einzeln unter anderen Streitschriften der Zeit; der Verfasser des Tractatus de investitura episcoporum kannte und benutzte ihn wörtlich, vgl. Forschgn. z. dtsch. Gesch. XVI, 294.

[37]) Ivonis opp. Paris 1647. II, 27 unten, epist. 60.

[38]) ibid. 72 v. ep. 171; vgl. auch ibid. I, 128 Ivonis Decretum, Pars IV cap. 188. Das Schwankende in der Ausdrucksweise Ivo's möchte ich nicht auf eine schwankende Gesinnung zurückführen, sondern eines Theils auf den Mangel bestimmter technischer Bezeichnungen für das, was er sagen will, anderen Theils auf eine Zurückhaltung, die ihm gegenüber den fanatischen Gegnern, namentlich in einem officiellen Schreiben, wie epist. 36, geboten scheint; vgl. Götting. Gel. Anz. 1877 S. 1597.

[39]) Ibid. 27 r. ep. 60: cum post canonicam electionem reges ipsos apostolica auctoritate a concessione episcopatuum prohibitos minime videamus, und weiter unten: quae concessio sive fiat manu sive nutu sive lingua sive verbo, quid refert? cum reges nihil spirituale se dare intendant, sed tantum aut votis petentium annuere aut villas ecclesiasticas et alia bona exteriora, quae de munificentia regum obtinent ecclesiae, ipsis electis concedere.

[40]) ibid.: papa Urbanus reges tantum a corporali investitura excludit quantum intelleximus, non ab electione in quantum sunt caput populi vel

folgendes Schema für Wahl und Investitur [41]:
1) Wahl durch Volk und Klerus ohne jeden fürstlichen Einfluss.
2) Bestätigung der Wahl durch den Fürsten und 3) weltliche Investitur mit den Temporalien unter irgend welchem symbolischen Ceremoniell weltlichen Charakters; dagegen Leistung des Lehnspflichten von Seiten des Prälaten [42]).
4) Weihe und geistliche Investitur mit Ring und Stab durch den Metropoliten oder Papst [43]).

Von königlicher Seite aus, unmittelbar beeinflusst von Ivo's Gedanken und mit wörtlicher Anlehnung an dessen eben erwähnten Brief entwickelt der Verfasser des 1109 geschriebenen Tractatus de investitura episcoporum seine bedeutsamen Vorschläge zur Lösung des Streites zwischen Regnum und Sacerdotium [44]). Mit Berufung auf das angebliche Privileg Hadrian's I., auf uraltes Gewohnheitsrecht, ja endlich auf das natürliche Hoheitsrecht des Fürsten vindicirt er diesem die Investitur mit den Temporalien, d. h. allen Kirchengütern ohne Ausnahme [45]),

---

concessione, quamvis octava synodus solum prohibeat eos interesse electioni, non concessioni; ibid. 101 r. ep. 236: si quis vero laicus ad hanc prorumpit insaniam, ut in datione et acceptione virgae putet se tribuere posse sacramentum vel rem sacramenti ecclesiastici, illum prorsus judicamus haereticum.

[41]) vgl. die eben citirten Stellen im Detail.

[42]) Dies speciell ergiebt sich aus ep. 190, ibid. 82 v. oben: plenariam pacem impetrare nequivimus, nisi praedictus metropolitanus per manum et sacramentum eam fidelitatem regi faceret, quam praedecessoribus suis regibus Francorum antea fecerunt omnes Remenses archiepiscopi et caeteri regni Francorum quamlibet religiosi et sancti episcopi; vgl. ep. 241 ibid. 104 r, wo er von den Verpflichtungen des Bischofs von Autun gegen den Grafen auf Grund von hominium und fidelitas als selbstverständlich spricht.

[43]) Folgt daraus, dass der weltliche Herr mit den geistlichen Symbolen nichts zu schaffen haben soll; die nebengeordnete Concurrenz des Papstes folgt aus Ivo's gesammter kirchenrechtlicher Anschauung und aus seiner eigenen Handlungsweise, da er sich in Rom weihen liess, vgl. epist. VIII ibid 4 v.

[44]) Bei Goldast, Apologiae S. 226 ff.; vgl. meine Abhandlung in Forschungen z. dtsch. Gesch. XVI, 285 ff.

[45]) . . sub anathemate confirmaverunt Silvester, Leo etc. erga reges et imperatores de investiendis episcopis per illos, a quibus — et etiam a

gleichgültig, unter welchen Ceremonien weltlichen Charakters, doch vielleicht am passendsten mit dem baculus, der — als Scepter — ja auch Symbol der weltlichen Gewalt sein könne ⁴⁶). Nur die Bisthümer der römischen Provinz sollen davon ausgenommen sein ⁴⁷), die königlichen Abteien und Propsteien dagegen werden ausdrücklich mit eingeschlossen. Die Wahl möge kanonisch sein, aber unter königlicher Aufsicht stehen ⁴⁸); Bestätigung und Investitur solle der Erwählte dann vom Könige empfangen, und zwar vor der Weihe ⁴⁹). Die grosse politische Bedeutung dieser Reihenfolge habe ich vorhin hervorgehoben; der Verfasser betont dieselbe ausdrücklich und begründet dieselbe, anscheinend harmlos, aber ungemein geschickt, indem er ein religiöses Bedenken der Gegner wider die Belehnungsceremonie zu seinen Gunsten ausnutzt: von streng kirchlicher Seite äusserte man nämlich besonders stets seinen Abscheu dagegen, dass beim Hominium der eben Geweihte seine heilige Hand in die unheilige des Laien legen müsse; nun, meint der Verfasser des Tractatus, so möge

---

devotis laicis et feminis — fundi et alia mobilia ecclesiis Dei in orbe terrarum provenerunt, sibique tutelas et defensiones rerum ecclesiasticarum retinuerunt contra tyrannos et raptores, und weiter unten, wo er keinen Unterschied zwischen res ecclesiasticae und temporalia macht.

46) Nil enim refert, sive verbo sive praecepto sive baculo sive alia re, quam in manu tenuerit, investiat aut inthronizet rex et imperator episcopum, qui die consecrationis veniens anulum et baculum ponit super altare, et in curam pastoralem singula suscipit a stola et ab auctoritate Scti. Petri; sed congruum magis est per baculum, qui est duplex, id est temporalis et spiritualis.

47) ut non consecretur episcopus qui per regem vel imperatorem non introierit pure et integre exceptis quos papa Romanus investire debet ... cum illis quae vocantur regalia i. e. a regibus et imperatoribus pontificibus Romanis data in fundis et reditibus; dem Patrimonium Scti. Petri gegenüber tritt allerdings dieser engere Begriff der regalia ein, anders den deutschen Bisthümern gegenüber.

48) Folgt daraus, dass der Autor den königl. consensus und die confirmatio in electione sogar bei der Papstwahl in Anspruch nimmt, und namentlich die friedewirkende Entscheidung des Kaisers bei zwistigen Papstwahlen betont.

49) Praecedens investitura per regem in fundis et rebus ecclesiae contra tyrannos et raptores quieta et pacifica reddit omnia; sequitur autem consecratio, ut bannus episcopalis banno regali conveniens in communem salutem operetur, et si episcopis faciendum est regibus hominium et sacramentum de regalibus, aptius est ante consecrationem.

eben Investitur und Lehnseid vor der Weihe stattfinden [50]! Nicht ohne politische Bedeutung ist auch wohl der eigenthümliche Vorschlag, wonach der nun vom König Investirte Ring und Stab, die Symbole seiner geistlichen Beamtung, nicht, wie sonst meist vorgeschlagen wird, vom weihenden Metropoliten empfangen soll, sondern diese Insignien vom Altar, wo er sie niedergelegt, an sich zu nehmen habe a stola et ab auctoritate Scti. Petri [51]. Es ist unverkennbar, dass dieser Vorschlag sich gegen den Einfluss der Metropoliten richtet: man will vermeiden, dass der Metropolit mit der Verleihung von Ring und Stab einen Einfluss auf die Suffraganen erlange, der mit dem königlichen trotz der weltlichen Investitur doch concurriren möchte. Darnach ergiebt sich folgender Modus [52]:

1) Wahl durch Volk und Klerus unter fürstlicher Controlle. Bei zwistiger Wahl Entscheidung durch den Fürsten [53].
2) Bestätigung der Wahl durch den Fürsten und 3) weltliche Investitur mit den Temporalien unter irgend welchem symbolischen Ceremoniell, am passendsten unter Ueberreichung des baculus als Zeichens der weltlichen Gewalt.

Dagegen Leistung der Lehnspflichten seitens des Prälaten.
4) Entgegennahme des Ringes und Stabes als Symbole des Amts vom Altar kraft der Autorität des römischen Stuhles.
5) Weihe durch den Metropoliten.

Eine noch extremere Richtung vertritt Hugo von Fleury in seinen um 1100 verfassten zwei Büchern de regia potestate et sacerdotali dignitate [54]: er, der allerdings mit Hinblick auf England schreibt, will neben der Wahl durch Volk und Klerus sogar die alte gewohnheitsmässige Ernennung durch den König gelten lassen, falls nur der Metropolit mit zu Rathe gezogen wird; die Abteien stellt er ausdrücklich auf eine Linie mit den Bisthümern. Also:

1) Wahl in Gegenwart des Fürsten, und Bestätigung [55], even-

---

[50] vgl. vorige Note; auch „Lothar III. und das Wormser Concordat" S. 68.
[51] vgl. Note 46.
[52] vgl. die citirten Stellen im Detail.
[53] vgl. Note 48.
[54] in Baluzii Miscellan. ed. Mansi II, und Migne, Patrologiae curs. compl. lat. Tom. 163.
[55] lb. I cap. 5 bei Migne a. a. O. 917: ubi eligitur episcopus a clero

tuell sogar Ernennung cum consilio et consensu metropolitani episcopi durch den Fürsten [56]).
Bei zwistigen Wahlen letzte Entscheidung durch die Synode [57]).

2) Weltliche Investitur mit den Temporalien, nur nicht mittels Ringes und Stabes; dagegen Leistung der Lehnspflichten seitens des Prälaten [58]).

3) Weihe und geistliche Investitur mit Ring und Stab von Seiten des Metropoliten [59]).

Die von kirchlicher Seite ausgehenden Vorschläge documentiren ihren Parteistandpunkt durch den wesentlichen Unterschied, dass sie die Weihe noch vor der — dann allenfalls zuzulassenden — weltlichen Investitur vollzogen wissen wollen. So zunächst Gottfried von Vendôme [60]). der sich sonst mit Ivo's Ansichten berührt, indem er eine ähnliche scharfe Trennung zwischen geistlichem Amt und weltlichem Besitz und daher

---

vel populo secundum morem ecclesiasticum, nullam vim ac perturbationem eligentibus rationabiliter rex per tyrannidem debet inferre, sed ordinationi legitimae suum adhibere consensum.

[56]) ibid.: rex instinctu Spiritus Sancti potest praesulatus honorem religioso clerico tribuere; und lb. II a. a. O. S. 968: opportunum esse speramus, ut si rex aut quislibet pius princeps praesulatus honorem viro sancto ordinabiliter tribuere vult, ne hoc suo solo faciat arbitrio, sed consilio et consensu metropolitani episcopi.

[57]) ibid. 968: solet saepe dissensio pullulare . . . unde nobis cautum fore videatur, ut si res hujusmodi pravorum studiis obstantibus competenter minime perfici potuerit, ut tamdiu differatur, donec in generali synodo . . . terminetur.

[58]) ibid. 947: Post electionem autem non anulum aut baculum a manu regia, sed investituram rerum saecularium electus antistes debet suscipere, et in suis ordinibus per anulum aut baculum animarum curam ab archiepiscopo suo . . . . Quod si regulariter fuerit conservatum, implebitur illud quod Salvator noster in Evangelio praecipiens dixit: Reddite, quae sunt Caesaris, Caesari et quae sunt Dei, Deo.

[59]) vgl. die vorige Note.

[60]) Bei J. Sirmond opp. varia Paris 1696 Tom. III, 612 ff.; opusc. II De ordinatione episcoporum et de investitura laicorum auch bei Goldast, Apologiae S. 257. —

Ich gebrauche hier und später das Wort „kirchlich", um den Gegensatz gegen „königlich", welchen man in jener Zeit regelmässig durch die Worte Regnum und Sacerdotium ausdrückte, zu bezeichnen; eine geeignetere Bezeichnung bot sich mir nicht: „hierarchisch" sagt zu viel, „priesterlich" ist noch minder prägnant als „kirchlich".

zwischen geistlicher und weltlicher Investitur macht, die er durch die Bezeichnung episcopalis und regalis investitura unterscheidet[61]). Sein Programm ist dieses:
1) Wahl durch Volk und Klerus ohne jeden weltlichen Einfluss [62]).
2) Weihe und 3) geistliche Investitur mit Ring und Stab durch den Metropoliten [63]).
4) Bestätigung der Temporalien durch Investitur des Fürsten unter irgend welchem Ceremoniell weltlichen Charakters [64]).

Bei sonst gleichem Princip enthalten einen wesentlichen und höchst folgenreichen Unterschied die beiden nächsten Vorschläge. Dieselben acceptiren nämlich die bei dem Vertrag von 1111 zu Tage getretene Scheidung des Kirchenvermögens in regalia im engeren Sinne und res ecclesiasticae, indem sie also von dem, quod regii juris est, die decimae, oblationes und Privatschenkungen ausnehmen, während die bisher genannten Schriftsteller, welche Amt und Besitz schroff einander gegenüber stellten, unter der Bezeichnung regalia oder temporalia allen weltlichen Besitz der Kirche begriffen, wie wir sahen, — wohl eine ganz regelmässige Erscheinung in der Entwickelungsgeschichte neuer Begriffe, dass zuerst die Gegensätze gefunden werden, dann erst allmählig sich der Mittelbegriff einstellt.

Der unmittelbare Zusammenhang der Concordats-Bestimmungen von 1111 mit dem Programm dieser Richtung zeigt sich in

---

[61]) Sirmond a. a. O. 869: Alia utique est investitura, quae episcopum perficit, alia vero quae episcopum pascit; illa ex divino jure habetur, ista ex jure humano. Subtrahe jus divinum — spiritualiter episcopus non creatur; subtrahe jus humanum — possessiones amittit, quibus ipse corporaliter sustentatur. Non enim possessiones haberet ecclesia, nisi a regibus donarentur etc.

[62]) a. a. O. epist. 11 S. 739: episcopus sine canonica electione est quasi arbor sine radice. ... Tota utique ordinatio episcopi in sola electione consistit ... haec autem prius per semet ipsum fecit Christus, deinde vero vicarii ejus etc.

[63]) a. a. O. 890: Possunt itaque sine offensione reges post electionem canonicam et consecrationem per investituram regalem in ecclesiasticis possessionibus concessionem ... episcopo dare, quod quolibet signo factum exstiterit, regi vel pontifici seu catholicae fidei non nocebit; und ibid. 889: Investituram per virgam et anulum accipere nisi a suo consecratore, manifestum est, esse damnosum.

[64]) vgl. vorige Note anfangs.

der, kürzlich zuerst von Schum edirten Disputatio, die gleich nach jenen Ereignissen und mit Bezugnahme auf dieselben von einem Anhänger der Curie geschrieben ist [65]). Der Verfasser kommt zu folgendem Programm, wobei namentlich hervorzuheben ist, dass für das Symbol der weltlichen Investitur endlich der bestimmte Vorschlag auftritt, das Scepter als ein Instrument ganz unzweifelhaft weltlichen Charakters anzuwenden:
1) Wahl durch Volk und Klerus ohne jeden weltlichen Einfluss [66]).
2) Weihe und 3) Investitur mit Ring und Stab durch den Metropoliten, wodurch zugleich die Uebertragung der speciellen Kirchengüter als vollzogen gilt [67]).
4) Investitur mit den Regalien durch den Fürsten mittels des Scepters [68])

Ganz ähnliche Concessionen vertritt ein Anhänger der extremsten gregorianischen Ideen, Placidus von Nonantula, der ebenfalls gleich nach den Ereignissen von 1111 und mit besonderer Rücksicht auf Italien sein Buch de honore ecclesiae schrieb [69]). Er sieht allerdings dem Princip nach alles Kirchenvermögen als untrennbares Eigenthum der Kirche an [70]), und das früher skizzirte Ideal Gregor's ist ganz das seine; ja er schliesst sogar

---

[65]) Schum, Die Politik Papst Paschal's II. gegen Kaiser Heinrich V. a. a. O. 67 ff.

[66]) vgl. die Stellen aus dem Kirchenrecht, die der Autor anführt, bei Schum a. a. O. S. 72 ff.

[67]) a. a. O. S. 85. Novimus etenim, quod et anulus et virga pontificalia sunt insignia et per ea spiritualia conferuntur dona et per ea animarum cura et divina designantur sacramenta. Haec enim nec regem tangere nec ad eum pertinere, cujus manus plenae sunt sanguine, irrefragabili ratione profitemur. Sicut enim in ecclesia pastoralis virga est necessaria, ... sic in domibus regum et imperatorum illud insigne sceptrum, quod est imperialis vel regalis virga, qua regitur patria, ducatus comitatus et cetera regalia distribuuntur jura. Si ergo dixerit, quod per virgam pontificalem et anulum sua tantum regalia velit conferre, aut sceptrum regale deserat aut per illud regalia sua conferat; vgl. auch S. 77: dicimus, nullum in ecclesia eligendum, nullum in ecclesia consecrandum, quem constat per manum regis investiendum.

[68]) vgl. vorige Note.

[69]) Bei Pez, Thesaurus anecdot. nov. II, 2, 73; auch bei Migne, Patrolog. Tom. 163 S. 623 ff.

[70]) cap. 43 bei Migne a. a. O. S. 634, cap. 85 a. a. O. S. 658 und wiederholt.

das Volk von der eigentlichen Wahl der Prälaten aus, indem er dieselbe dem Klerus allein vindicirt, den Laien nur einen consensus belässt [71]). Aber er sieht doch ein, dass diese seines Herzens Wünsche nicht so durchzuführen sind, er ist zu praktischen Concessionen bereit: er will die passive Anwesenheit des Königs oder seines Gesandten bei der Wahl gestatten, wenigstens in den Kirchen, quorum specialius filii deputantur [72]); er giebt zu, dass die Könige ein gewisses Verfügungsrecht über die von ihnen und ihren Vorgängern den Kirchen geschenkten Güter behalten mögen und acceptirt also damit den Gedanken der Scheidung zwischen regalia im engeren Sinne und speciellen res ecclesiasticae [73]); er giebt namentlich zu, dass der Klerus dem Kaiser für die Regalien von altersher zu Lehnsdiensten verpflichtet sei und dass der neue Bischof nach seiner Wahl und Weihe seine Lehnspflicht leisten möge [74]); freilich kann er dabei den Wunsch nicht unterdrücken, es wäre doch besser, wenn der Kaiser das zum Heil seiner Seele dem Klerus erliesse [75]). Die Abteien schliesst

---

[71]) cap. 81 a. a. O. S. 652: cum disciplina Spiritus sancti sit, unum quemque pastorem solummodo ... ab omnibus clericis unius cujusque ecclesiae eligi, quibus consentire omnes filii illius ecclesiae ... debent.

[72]) cap. 37 a. a. O. 832: Nos enim ab electione pontificum non segregamus principes, sed hoc dicimus, quia ipsi sua potentia non debent pastores in ecclesiam mittere neque investiendo neque aliquo modo dominando, sed magis communi electione clericorum et consensu populorum, majorum scilicet et minorum, inter quos videlicet reges et principes numerantur, in eis duntaxat ecclesiis, quarum specialius filii deputantur, pontifex eligi debet, ubi imperator vel ejus princeps adesse debet non sicut dominus, sed sicut filius.

[73]) cap. 85 a. a. O. 658: Si vero imperator fidelis vel aliquis princeps, quod sibi jure competit, pastori ecclesiae dare voluerit, investitura caeteris hominibus consueta concedere debet, non pastorali virga seu episcopali anulo; vgl. auch folgende Note.

[74]) cap. 92 a. a. O. 663: cum pastor ecclesiae canonice electus, investitutus et consecratus fuerit, tunc per se vel per suos fideles imperatorem adeat, et de rebus ecclesiae sibi commissis imperiale praeceptum expetat. Quod ei piissimus imperator .. concedens firmare dignetur, quod sui praedecessores illi ecclesiae concessisse manifestum est etc.

[75]) cap. 81 a. a. O. 652: Ordinatus autem et sacratus, si quid ecclesia quam suscepit antiquitus canonice debet imperatori, nisi forte imperator pro remedio animae suae remiserit, solvere per omnia curet; etwas weiter unten über die Abteien.

Placidus allerdings aus. Darnach würden sich die Concessionsvorschläge desselben so gestalten [76]):
1) Wahl durch den Klerus mit passivem consensus des populus und eventuell des persönlich anwesenden oder vertretenen Fürsten.
2) Bestätigung und 3) Weihe durch den Metropoliten, womit zugleich die Investitur in den Besitz des speciellen Kirchenvermögens vollzogen gilt [77]).
4) Einholung der Bestätigung (praeceptum, concessio) des Fürsten für die Regalien, eventuell sogar in Form der weltlichen Investitur, nur ohne Ring und Stab; dabei Leistung der schuldigen Lehnspflichten seitens des Prälaten.

Wenn wir diese verschiedenen Vorschläge überblicken, so treten im Ganzen drei wesentlich sich unterscheidende Gruppen hervor. Die königliche Partei scheidet schroff zwischen Amt und Kirchenvermögen, will den Einfluss des Königs auf die Wahlen gewahrt und die königliche Investitur mit dem Kirchenvermögen vor der Weihe vollzogen wissen. Die Vermittlungspartei macht dieselbe Scheidung nicht so schroff, betont die absolute Freiheit der Wahlen und lässt die königliche Investitur vor der Weihe zu. Die kirchliche Partei vindicirt den Kirchen als Zubehör des Amtes alles nicht direkt von dem Könige Erworbene (oblationes, decimae und Privatschenkungen) und will die königliche Investitur mit dem übrigen Kirchenvermögen, den speciellen Regalien, erst nach der Weihe gestatten.

Dies sind die Parteien, welche überhaupt zu Concessionen bereit waren und folglich für das Friedenswerk in Betracht kommen.

Natürlich gab es ausserdem auf beiden Seiten Unversöhnliche, sowohl Königliche, die an dem alten Programm festhielten — Heinrich V. selbst griff ja 1111 und 1119 nochmals darauf zurück — [78]), wie auch jene erwähnte Partei der hohen Prälaten und der ex-

---

[76]) vgl. die citirten Stellen im Detail.
[77]) cap. 81 a. a. O. electionis discretio non alicui humanae potestati, sed metropolitano episcopo a Deo collata est; quae dum canonica probata fuerit, non ab imperatore electus investiri, sed ab archiepiscopo qui vice Christi eum benedicit, investiri et consecrari debet.
[78]) Durch die Erpressung des Investiturprivilegs von Paschal, vgl. Giesebrecht, Geschichte d. dtsch. Kaiserzeit III, 819; und bei den Verhandlungen mit Calixt, vgl. Giesebrecht a. a. O. 910 ff.

tremen Mönche. Es wäre vielleicht nicht unmöglich, dass Jemand, der die Bestimmungen des Wormser Concordates nicht kennte, aus den angeführten Parteiprogrammen a priori den ungefähren Inhalt des endlichen Compromisses erriethe, denn die Vereinigungspunkte, denen man von den verschiedenen Seiten zustrebte, sind deutlich zu erkennen, aber doch kostete es noch lange Zeit und schwere Kämpfe, ehe damals die Parteien zur Einigung gelangten.

II. Das Wormser Concordat, dessen Auffassung und authentischer Text.

Die äussere Geschichte des Wormser Concordates ist bekannt genug [1]. Calixt, der als Erzbischof von Vienne jener burgundisch-französischen Ultrapartei angehört hatte, wusste in seiner veränderten Stellung als Papst die früheren Parteigenossen zum Nachgeben und zur Versöhnung zu bestimmen, so unwillig sich diese auch fügen mochten. Es ist bekannt, wie Adelbert von Mainz noch bis zuletzt dem Könige die Investitur zu entreissen strebte und dann plötzlich einlenkend sein diplomatisches Genie auf die Vereinigung der verschiedenen Parteistandpunkte richtete; wir wissen, wie ihm dies gelang, wie er jedoch in seiner Hoffnung, der Papst werde dem Vertrag die Zustimmung versagen, getäuscht wurde. Aber kaum beachtet worden ist das Verhältniss der in Worms vereinbarten Bestimmungen zu den Forderungen und Wünschen der verschiedenen Parteien, obgleich die Beachtung dieses Verhältnisses für wesentliche Punkte des Concordates gerade bei der vagen Formulirung desselben erwünschte Aufklärung gewähren kann.

Bekanntlich statuirt das Concordat zwei verschiedene Modi der Wahl und Investitur:

a) für die Prälaten des deutschen Königreiches:

1) Wahl durch Volk und Klerus in passiver Gegenwart des Königs [2].

Bei zwistigen Wahlen Bestätigung und Beistand des Königs nach Rath und Entscheidung des Metropoliten und dessen Suffraganen [2].

---

[1] vgl. Giesebrecht, Geschichte der deutschen Kaiserzeit III, 910 ff. Planck, Geschichte der christlich-kirchlichen Gesellschaftsverfassung IV, 2 S. 45 ff.; Gervais, politische Geschichte Deutschlands unter der Regierung der Kaiser Heinrich V. und Lothar III S. 265 ff.

[2] M. G. LL. II, 75 Urkunde Calixt's: concedo electiones episcoporum et abbatum Teutonici regni qui ad regnum pertinent, in praesentia tua

2) Weltliche Investitur mit den Regalien mittels des Scepters.
Dagegen Leistung des Lehnspflichten seitens des Prälaten ³).
3) Weihe und geistliche Investitur mit Ring und Stab ⁴).
b) für die Prälaten der ausserdeutschen Reichsländer, d. h. Italiens und Burgunds ⁵):
1) Wahl durch Volk und Klerus ohne jeden weltlichen Einfluss.
2) Weihe und geistliche Investitur.
3) Weltliche Investitur mit den Regalien mittels des Scepters innerhalb sechs Monaten nach der Weihe.
Dagegen Leistung der Lehnspflichten seitens der Prälaten ⁵).

Vergleichen wir diese Bestimmungen mit den oben angeführten Programmen der bestehenden Parteien, so ergiebt sich zunächst, wie zu erwarten, dass die königlichen und die kirchlichen Ultra's mit ihren Forderungen den drei anderen, zu Concessionen bereiten Parteien haben weichen müssen; zwischen diesen letzteren haben aber wiederum Compromisse statt gefunden, deren wesentlichstes Resultat in der hochwichtigen Frage betreffs der Reihenfolge von Investitur und Weihe zu Tage tritt. Denn in Italien und Burgund soll die Weihe der Investitur vorangehen: dort also soll das Programm der kirchlichen Partei gelten, als deren Vertreter wir Placidus von Nonantula kennen lernten und den — in der Person des einen päpstlichen Legaten vielleicht selbst zu Worms anwesenden ⁶) — Verfasser der Disputatio.

---

fieri absque simonia et aliqua violentia, ut si qua inter partes discordia emerserit, metropolitani et comprovincialium consilio vel judicio saniori parti assensum et auxilium praebeas; Urkde. Heinrich's : concedo in omnibus ecclesiis quae in regno vel imperio meo sunt, canonicam fieri electionem.

³) a. a. O. Urkde. Calixt's: electus autem regalia per sceptrum a te recipiat et quae ex his jure tibi debet faciat.

⁴) Urkde. Heinrich's: concedo ... fieri ... liberam consecrationem; und: dimitto .... omnem investituram per anulum et baculum; ferner Brief Adelber's von Mainz nach Febr. 1123 bei Jaffé bibl. V, 521: solius consecrationis est, dare anulum et baculum.

⁵) Urkde. Calixt's: ex aliis vero partibus imperii consecratus infra sex menses regalia per sceptrum a te recipiat et quae ex his jure tibi debet, faciat.
Wegen Burgunds s. Witte, Die Bischofswahlen unter Konrad III, Göttinger Dissert. S. 5 Note; Waitz, V. G. V, 111.

⁶) Wenn die Vermutbung richtig ist, die Schum, Die Politik Papst Paschal's III. etc. S. 43 äussert, dass Lambert von Ostia der Verfasser der Disputatio sei.

Die italienischen Geistlichen also setzten für ihr Land diese Bestimmung durch, welche gewiss auch von den burgundischen Prälaten gern für Burgund erlangt wurde —, eine Bestimmung, die den Einfluss des deutschen Kaisers auf die romanischen Reichsprälaten fast ganz vernichtete und die Regalienverleihung als nachträgliches und bei der langen Frist von sechs Monaten leicht ganz in Vergessenheit zu bringendes Accedens der durch die Weihe unwiderruflich erlangten bischöflichen Würden und Rechte hinstellte. Wenn ich nicht irre, ist dadurch, dass so der Zusammenhang der Regalien mit der königlichen Hand gelöst ward, in Italien der reissend schnelle Uebergang der bischöflichen Regalien an die Städtecommunen, in Burgund die auffallend starke Ausbildung der bischöflichen Landeshoheit wesentlich mit bedingt worden. Anders in Deutschland: die deutschen Reichsprälaten sollen vor der Weihe die Investitur vom König einholen: somit hatten hier die in diesem wichtigsten Punkte übereinstimmenden Parteien der Vermittlung und der gemässigt Königlichen ihr Programm durchgesetzt. Der deutsche Bischof oder Abt blieb in seiner Amtseinsetzung von seinem Herrn und König abhängig, der ihm die Investitur weigern und dadurch die Weihe hinausschieben oder gar verhindern konnte.

Vergleichen wir aber weiter im Detail die Concordatsbestimmungen mit den uns aus dem ersten Theil bekannten Wünschen und Vorschlägen der drei fraglichen Parteien, so wird sich weiter bis zu wörtlicher Uebereinstimmung ein enger Zusammenhang herausstellen; nicht als ob ich meinte, diese einzelnen Bestimmungen seien etwa den betreffenden Schriften direkt entlehnt, — doch sind in diesen Schriften eben die Ansichten und Schlagwörter, welche im politischen Kampfe von den Parteien geltend gemacht wurden und zum Theil im Concordat zur Geltung gelangten, niedergelegt und vertreten. In diesem Zusammenhange betrachtet, gewinnt Manches, was im Concordat nur kurzhin angedeutet, gewissermassen in der Parteisprache ausgedrückt ist, eine viel bestimmtere Bedeutung.

Die Wahl der deutschen Prälaten soll Statt finden in praesentia des Königs absque aliqua violentia, so dass es eine kanonische Wahl zu nennen sei, — das ist die Wahl, wie sie Placidus von Nonantula zulassen will [7]), doch ausgedehnt auch auf die

---

[7]) s. oben Note 72.

Reichsäbte, wie Hugo von Fleury [8]) und der Verfasser des Tractatus de investitura [9]) Recht finden. Zudem ist positives Einschreiten des Königs bei irgend wie zwistigen Wahlen gestattet: si qua inter partes discordia emerserit, ... assensum et auxilium praebeas, aber es heisst vorher: metropolitani et comprovincialium consilio vel judicio; bei dieser Clausel erinnern wir uns, welche Rolle Placidus der discretio metropolitani bei der Wahl zuweist [10]), und wie Hugo von Fleury sagt: ne hoc suo solo faciat arbitrio (scil. rex), sed consilio et consensu metropolitani episcopi etc. [11]) Es ist diese Clausel also sehr entschieden gemeint als eine Beschränkung des königlichen Einflusses selbst da, wo man denselben zuliess; es soll nicht der König und sein Hofgericht die Entscheidung dieser geistlichen Streitigkeiten haben und dadurch über den Bischofsstuhl verfügen können, sondern der Metropolit und der Provincialclerus, die kanonische Instanz. Noch weitere Bedeutung erhält aber dieser Satz, wenn wir damit vergleichen, was der Canon Gregor's VII. von 1080 über die zwistige Wahl bestimmte [12]): Gregor hatte da dem Papste neben dem Metropoliten ein concurrirendes Entscheidungsrecht vindicirt — jetzt im Wormser Concordat ist davon nicht die Rede, es erhält der Metropolit mit seinen Suffraganen allein dieses Recht. Wir erinnern uns hier, dass Adelbert von Mainz an der Redaction des Concordates thätigen Antheil hatte, der ja vor Allen nach der möglichsten Machterweiterung der Metropolitanwürde strebte: er, dem als Ziel und Zweck des ganzen schweren Kirchenstreites die canonica investitura durch die Hand des Metropoliten galt [13]) und der schon dem Vertrag von 1111 seine Geistesspur in demselben Sinne aufgeprägt hatte [14]), er, der sich gleich jener ganzen hohen Prälatenschaft wie ein zweiter Papst gerirte [15]). Es war gewiss recht im Sinne Adelbert's, dass durch die Clausel das Ober-

---

[8]) s. oben S. 16.
[9]) s. oben S. 15.
[10]) s. oben Note 77.
[11]) s. oben Note 56 und 57.
[12]) s. oben S. 5.
[13]) vgl. seinen Brief bei Jaffé, bibl. V, 521.
[14]) M. G. LL. II, 73 post investitionem vero canonicam consecrationem accipiant ab episcopo, ad quem pertinuerint, also nicht vom Papste, wie es neuerdings so oft geschehen war; vgl. oben S. 10.
[15]) s. oben S. 11.

entscheidungsrecht ausdrücklich der Metropolitangewalt zugesprochen ward. Nicht minder mochten die Königlichen damit zufrieden sein und meinen, dadurch Eingriffen der Curie vorgebeugt zu haben. Doch ist gerade die Entscheidung über die zwistigen Wahlen, wie wir sehen werden, die Achillesferse des Wormser Concordates geworden.

Electus autem regalia per sceptrum a te recipiat heisst es weiter — hierdurch ist, wie oben schon erörtert, ausgesprochen, dass nach der Wahl zunächst erst die weltliche Investitur erfolgen solle, gemäss den Vorschlägen Ivo's [16]) und des Tractatus de investitura [17]), speciell gemäss dem Vorschlage der Defensio: per sceptrum regalia sua conferat [18]). Der Begriff regalia ist hier offenbar in dem engeren Sinne des Wortes zu verstehen, den man im Vertrag von 1111 präcisirt und den die kirchliche Partei, wie wir sahen, seitdem festgehalten hatte [19]); es ergiebt sich das schon aus der direkten Beziehung und Begründung der Lehnspflicht auf diese Regalien in den Worten et quae ex his jure tibi debet und aus der seitdem technisch feststehenden Bedeutung dieses Begriffs. Die Worte et quae ex his jure tibi debet, faciat an sich sind aber von hoher Wichtigkeit: damit war gesagt, es solle trotz all' der Kämpfe gegen das Weltliche der Reichsklerus im Lehnsverbande bleiben. Auf die königlichen Benefizien hatte die Kirche ja nicht verzichten wollen, und so war selbst einem Placidus nichts Anderes übrig geblieben, als zuzugeben: si quid ecclesia quam suscepit (scil. ordinatus et sacratus) antiquitus canonice debet, imperatori solvere per omnia curet! [20]) Dass hierunter, unter dem, quae jure debet, die volle Lehnspflicht, die Leistung des vollen Vasalleneides verstanden sein solle, habe ich früher aus den thatsächlichen Verhältnissen darzulegen versucht [21]) — es freut mich, jetzt das Zeugniss eines Zeitgenossen hinzufügen zu können, Gerhoh's von Reichersperg, der in seiner Schrift De investigatione Antichristi, wo er den Inhalt des Wormser Con-

---

[16]) s. oben Note 39.
[17]) s. oben Note 49.
[18]) s. oben Note 67.
[19]) s. oben S. 18. Allerdings liegt darin eine Concession des Kaisers, wie ich glaube nachgewiesen zu haben; vgl. Ficker, a. a. O. S. 60 Zeile 6 von unten.
[20]) s. oben Note 75.
[21]) Lothar III. und das Wormser Concordat S. 58 ff.

cordates wiedergiebt, sagt [22]): Imperator ... electiones atque investituras liberas Ecclesiae remisit, ita ut electus vel consecratus de manu imperatoris vel regis regalia per sceptrum acciperet, facto sibi hominio et fidelitate jurata, ein Zeugniss, das um so wichtiger ist, da Gerhoh bekanntlich zu den ausgesprochenen Gegnern des geistlichen Lehnseides gehört.

Die Bestimmung über die Investitur in den ausserdeutschen Reichsländern habe ich schon oben erläutert. Hier ist nur noch auf die Clausel exceptis omnibus quae ad Romanam ecclesiam pertinere noscuntur, hinzuweisen, welche in kurzen Worten den langen Kampf um die Landeshoheit des Papstes entscheidet: der Kaiser verzichtet damit auf sein Souveränitätsrecht über die römischen Bischöfe und die regalia Scti Petri und überlässt dem Papste die Investitur der römischen Suffraganen. Statt der libertas ecclesiae, für die man gestritten, ist so die libertas ecclesiae Romanae errungen worden — auch dies eine Folge allmählig zugestandener Concessionen, deren erste Spur in der späteren Redaction des gefälschten Privilegs von Leo VIII um 1084 erscheint: exceptis his quos imperator pontifici et archiepiscopis concessit [23]), und darnach um 1109 im Tractatus de investitura episcoporum [24]): exceptis quos papa Romanus investire et consecrare debet ex antiquo dono regum et imperatorum cum illis quae vocantur regalia etc.

So, sehen wir, hat die Gedankenarbeit der verschiedenen Parteien dem Zustandekommen des Concordates gedient, und jede derselben konnte sich schmeicheln, dass ihren Wünschen zu irgend einem Theil Rechnung getragen sei. Die kirchliche Partei hatte jene günstigen Bedingungen für Italien erlangt, dem Könige war der volle lehnsherrliche Einfluss auf den Reichsklerus in Deutschland geblieben, die Vermittlungspartei konnte sich der principiellen Verkündigung der freien kanonischen Wahl erfreuen. Nur die Ultras hatten über die Vereitelung aller ihrer eigentlichsten Bestrebungen zu klagen und konnten sich höchstens mit dem Ver-

---

[22]) Gerhohi opp. adhuc inedita cur. F. Scheibelberger I, 70; auch in dem Excerpt unter der Bezeichnung Syntagma de statu ecclesiae sub Heinr. IV. et V. bei Gretser opp. VI und daraus bei Migne, Patrolog. Tom. 194 S. 1472.

[23]) M. G. LL. II, 2, 167; vgl. Forschungen XV, 631.

[24]) Goldast, Apologine S. 226 ff. — Ueber die Verschiebung dieser Clausel in einigen Texten des Concordats s. unten.

zicht des Königs auf die geistliche Investitur und mit einer oder der anderen Clausel trösten.

Unter diesen Umständen wird es uns nicht wundern, wenn die zeitgenössischen Schriftsteller die Resultate des Concordates von verschiedenen Gesichtspunkten auffassten, und es wird nicht werthlos sein, einen Blick auf deren Aeusserungen zu werfen. Näheren Angaben über den Inhalt des Friedensinstrumentes begegnen wir wider Erwarten selten: vielfach stossen wir bei den Annalisten nur auf die allgemeine Notiz, dass der Frieden zwischen Regnum und Sacerdotium endlich geschlossen, das Schisma beendet sei. Nur Ekkehard von Aura, Anselm von Gembloux [25]) und Wilhelm von Malmesbury [26]), haben die Urkunden selbst wiedergegeben; von denen, welche sonst Etwas über deren Inhalt berichten, scheinen Einige, die folgenden, nur das Document Heinrich's an Calixt gekannt zu haben, oder sie haben mit mönchischem Geist nur von den Errungenschaften der Kirche Notiz genommen:

Annales Einsidlenses [27]): Concilium fit Wormatiae, in quo imperator reddidit domno apostolico virgam pastoralem et anulum.

Gesta episcoporum Virdunensium [28]): Calixtus papa, missis ad imperatorem ... cardinalibus, sedavit illam maximam discordiam, quae a tempore Gregorii VII regnum et ecclesiam turbaverat, investituras ecclesiarum et regalia beati Petri caesare exfestucante et reconciliationem suscipiente.

Chronicon Sampetrinum [29]): ipso ... rege omnem haereticam pravitatem .. abjurante et ecclesiae catholicae datis privilegiis pristinam libertatem remittente, scil. episcopos et abbates sine regali praejudicio juste atque canonice eligere ac constituere.

Andere, die folgenden, wissen auch von den königlichen Errungenschaften:

Annales Rosenveldenses [30]): Canonica autem auctoritate sancitum est, ne amplius sibi regalis potestas usurparet, investire spiritualia, sed libera electio fieret a clero et a populo, et sic insigniretur regalibus per sceptrum.

---

[25]) M. G. SS. VI, 260; ibid. 378.
[26]) M. G. SS. X, 483.
[27]) M. G. SS. III, 147.
[28]) M. G. SS. X 505, 36.
[29]) in Geschichtsquellen der Provinz Sachsen, Band I, 17.
[30]) M. G. SS. XVI, 104.

Annales Patherbrunnenses [31]): Imperator ... investituras ecclesiasticorum dignitatum scto. Petro remisit, ita dumtaxat ut libera electione praecedente et canonum gravitate conservata, imperialis auctoritas, quod sui juris est in constituendis episcopis sive abbatibus vel abbatissis non ammitteret, et si in constituendis his dignitatibus discordia, ut saepe fit, oboriretur, imperialis potestas consilio horum quibus sanior mens est, contrairet et eos qui rectum conturbarent reprimeret.

Gerhoh von Reichersperg: siehe oben S. 28.

Wir werden beachten, wie wichtig allen diesen Historikern die Constatirung der freien Wahl durch Volk und Klerus scheint; einige der Berichte aber geben noch erwünschte Commentare zu wichtigen Bestimmungen der Urkunde: die Stelle der Annales Patherbrunnenses zeigt, wie man sich auf geistlicher Seite das Eingreifen des Königs bei zwistigen Wahlen dachte; die Stelle bei Gerhoh interpretirt, wie schon erwähnt, die Meinung des Concordates in Betreff der Worte et quae ex his jure tibi debet, faciat; der präcise Ausdruck caesare regalia scti. Petri exfestucante in den Gesta episc. Virdun. erläutert die Clausel exceptis omnibus quae ad Romanam ecclesiam pertinere noscuntur.

Es sind kirchlich gesinnte Schriftsteller, welche uns so vom Inhalt der königlichen Concessionen und Rechte berichten; allerdings in bester Uebereinstimmung mit dem uns zunächst als authentisch geltenden Text der Urkunde Calixt's. Wenn nun aber der einzige Autor von königlicher Seite, der darüber Auskunft giebt, ganz andere Bestimmungen mittheilt? Otto von Freising spricht bekanntlich an zwei Stellen über das Wormser Concordat:

Chronicon lb. VII [32]): imperator .... investituram episcoporum legato apostolicae sedis .... resignavit ... Privilegium ergo de hoc ecclesiae scribitur; ac ipsi rursum, ut electi tam cisalpini quam transalpini non prius ordinentur episcopi quam regalia de manu ejus per sceptrum suscipiant, scripto confirmatur. Hoc pro bono pacis sibi soli et non successoribus datum dicunt Romani.

Gesta Friderici lb. I [33]): Tradit enim curia, et ab ecclesia, eo tempore quo sub Henrico V de investitura episcoporum decisa

---

[31]) Bei Scheffer-Boichorst, Annales Patherbrunnenses S. 141.
[32]) M. G. SS. XX 256, 14.
[33]) M. G. a. a. O. 392, 40.

fuit inter regnum et sacerdotium controversia, sibi concessum autumnat, quod obeuntibus episcopis, si forte in eligendo partes fierent, principis arbitrii esse, episcopum quem voluerit, ex optimatum suorum consilio ponere, nec electum aliquem ante consecrandum, quam ab ipsius manu regalia per sceptrum suscipiat.

Diese Angaben Otto's von Freising [34]) weichen in höchst wichtigen Punkten von dem uns als authentisch geltenden Text des Concordates ab. Erstens ist bei Otto von jener Ausnahmestellung des italienischen und burgundischen Klerus nicht die Rede: es heisst bei ihm ausdrücklich, dass auch die transalpinischen Bischöfe vor der Weihe die weltliche Investitur einholen sollen; und zweitens ist nach Otto's Angabe bei zwistigen Wahlen die Entscheidung letzter Instanz in die Hand des Königs und des Hofgerichts gelegt, nicht wie im Wormser Concordat in die des Metropoliten und des Provincialclerus. Dass diese beiden Bestimmungen, wie sie Otto angiebt, durchaus zu Gunsten des königlichen Einflusses abweichen, ist einleuchtend, ebenso, dass dieselben mit dem gewöhnlichen Text des Concordates nicht stimmen. Man hat nun meistens angenommen, dass hier ein Irrthum des Schriftstellers vorläge, „eine Unsicherheit in Bezug auf die wichtigsten staatsrechtlichen Fragen der Zeit." Die betreffenden Werke Otto's sind aber in den 50er Jahren des 12. Jahrhunderts redigirt oder verfasst [35]) — gerade in den Jahren, als der Oheim Otto's, König Friedrich I., die Regierung angetreten hatte und wegen seines Verhaltens in der inneren Kirchenpolitik mit der Curie in heftigen Conflict gerathen war. Man stritt darüber, ob Friedrich das Recht habe, bei der zwistigen Wahl in Magdeburg nach seinem Entschlusse zu entscheiden, wie er es gethan [36]),

---

[34]) Ueber die Berechtigung, diese beiden Angaben auf gleiche Linie zu stellen, s. unten im dritten Theil, Note 81.

[35]) s. unten im dritten Theil.

[36]) vgl. die Abhandlung von Winter in Forschgen z. deutsch. Gesch. XIII, 114 ff.; Grotefend, der Werth der Gesta Friderici imperatoris etc. Hannover 1870, S. 37 ff. Allerdings lag in der Erhebung des Bischofs Wichmann von Zeitz zum Erzbischof von Magdeburg zugleich der Delict der Translation, und Papst Eugen hatte guten Grund, dieses Moment, das in keiner Weise zu rechtfertigen war, besonders in seiner Beschwerde hervorzuheben, während die deutschen Bischöfe, darunter Otto selbst, welche in einem Schreiben an den Papst das Gesammtverfahren des Königs vertheidigten, ihrerseits Grund hatten, jenes Moment in den Hinter-

und Friedrich behauptete in Kraft eines Hofgerichtsspruches, dies Recht stehe ihm auf Grund des Wormser Concordates zu [37]) — wenn also ein Irrthum anzunehmen ist, so liegt er nicht nur auf Seiten unseres Schriftstellers, sondern auf Seiten des Königs und der officiellen Vertreter der gesammten deutschen Regierung. Man müsste demnach am deutschen Hofe im Jahre 1152 nicht mehr gewusst haben, welches der Inhalt des Wormser Concordates gewesen sei, und das in dem Moment, wo man sich gerade auf diese Urkunde stützte! So unglaublich das scheint, nehmen wir einmal an, die Orginalurkunde möge verloren gegangen sein; man habe sich auch nicht Aufschluss durch Einsicht in eine der so viel und weit verbreiteten Copien verschaffen können, deren uns erhaltene Exemplare gerade mehrfach aus der zweiten Hälfte des 12ten Jahrhunderts stammen; die zaghafte Kirchenpolitik Konrad's möge das Gedächtniss an die Concordatsbestimmungen ausgetilgt haben. Wie werden wir es dann nur erklären, wenn wir von ganz anderer Seite erfahren [38]), dass Heinrich V., unmittelbar nach Abschluss des Concordates, im Jahre 1122 oder 23, gerade ebenso wie Friedrich I. bei einer zwistigen Wahl entschied und zwar ebenso nach Spruch des Hofgerichts mit Berufung auf sein königliches Recht? Es ist ein Klostergeistlicher von St. Gallen, der uns dies mittheilt, zufällig, bei Gelegenheit der lokalen Streitigkeiten, die er detaillirt erzählt, ohne jede politische Tendenz, ein Zeitgenosse [39]). Hier lassen uns jene Möglichkeiten im Stich, denn

---

grund zu schieben und vorzugsweise die Entscheidung des Wahlzwistes an sich zu rechtfertigen — wir besitzen diesen Brief freilich nicht, doch vertritt Otto in seiner Darstellung in den Gesta offenbar den Standpunkt, den er und die deutschen Bischöfe in dieser Frage einnahmen. Aber um so schärfer nur tadelt der Papst ausser der Translation auch das Verfahren des Königs bei dem Wahlzwist an und für sich, weist das Entscheidungsrecht, das derselbe sich angemasst und das die deutschen Bischöfe vertheidigen, zurück; vgl. Eugen's Brief M. G. SS. XX. 394, 9: cum etiam multo amplior. quam in aliis electionibus, cleri et populi eas (scil. translationes) debeat praevenire concordia, in facienda translatione de venerabili fratri nostro Wichmanno Cicensi episcopo nihil horum est sed solus favor principis exspectatus etc. — Weshalb sich der Papst nicht auf die fragliche Concordatsbestimmung berief, des Concordats gar nicht erwähnte, darüber s. unten im dritten Theil, wo überhaupt des Weiteren.

[37]) s. M. G. SS. XX. 392, 32 ff.
[38]) Casuum scti. Galli continuatio. M. G. SS. II 160, 49. .
[39]) vgl. Forschgen z. deutsch. Gesch. XIV, 181; s. den Excurs S. 65.

Heinrich und sein Hof mussten damals wissen, was Rechtes sei, was das Concordat enthielt; und es drängt sich uns die Frage auf: ist vielleicht die Urkunde Calixt's, die uns bisher als authentisch galt, dies nicht, ist gefälscht, enthielt die etwa echte Urkunde andere Bestimmungen?

Ich glaube, die erörterten Verhältnisse rechtfertigen oder verlangen vielmehr eine bisher unterlassene Untersuchung über die Authenticität des uns vorliegenden Concordatstextes und dessen Varianten; eine Untersuchung, bei der es sich freilich nur um die Urkunde Calixt's handelt, weil diese uns inhaltlich vorzugsweise angeht, und weil die Urkunde Heinrich's, deren Orginal im Vatikan vorhanden sein soll, auch an und für sich keinem Zweifel unterliegt.

Wir besitzen ein Orginal von Calixt's Urkunde nicht; der Codex des Vatikan, den Pertz seiner Ausgabe unter der Bezeichnung Cod. 1 zu Grunde gelegt hat [40]), enthält beide Urkunden nach einander, und zwar die unsere mit sehr mangelhaftem Protokoll, offenbar in einer Copie; ebenso sind die von Pertz benutzten Codices 2 bis 7 Copien. Ausserdem haben uns die Zeitgenossen Ekkehard, Anselm, Wilhelm von Malmesbury unabhängig von einander den Text überliefert, welche alle drei Pertz nicht berücksichtigt hat. Der Text im Codex Udalrici, den Pertz gleichfalls nicht berücksichtigt, ist erst später heran zu ziehen. Die Ursperger Chronik, von Pertz Bbg. bezeichnet, geht auf Ekkehard zurück und ist daher bei Seite zu lassen.

Es stehen uns somit folgende Texte zu Gebote, die ich der Verwandtschaft nach reihe, indem ich die Numerirung der Codices von Pertz beibehalte [41]).

1. Cod. Vatic. No. 1984 secl. 12 ineunte, nach Pertz.

2. Cod. Vindobon. bibl. Caesar. No. 2178, früher Jus. can. No. 91 und so noch bei Pertz bezeichnet, nach der Hälfte des 12ten Jahrhunderts geschrieben [42]).

---

[40]) M. G. LL. II, 75.

[41]) Eine genaue Untersuchung und Collation der Codices in London verdanke ich der Güte des Herrn Dr. Felix Liebermann, der Codices in Wien gütiger Vermittlung des Herrn Professor Julius Jung.

[42]) Der Satz absque omni exactione fehlt; statt: electiones ... fieri steht: consecrationes .. fieri.

3. Cod. Londin. in Mus. Britann. Cotton. Domit. A VIII. fol. 11 v. ca 1200 geschrieben.
4. Cod. Londin. in Mus. Britann. Cotton. Claud. A 1. fol. 35 v. ca 1130—40 geschrieben.
M. Wilhelm's von Malmesbury Text in M. G. SS. X, 483 [43]).

5. Cod. Scti. Trudonis, nach Pertz in bibl. Leod., ca 1200 geschrieben.
7. Cod. Bamberg., nach Pertz ca 1200 geschrieben.
E. Ekkehard's Text in M. G. SS. VI, 260.
A. Anselm's Text in M. G. SS. VI, 378 [44]).

6. Cod. Vindob. bibl. Caesar. No. 430, früher Salisburg. No. 404 und so noch bei Pertz bezeichnet [45]).

(U. Text im Codex Udalrici bei Jaffé, bibl. rer. Germ. V, 388 [46]).

Alle diese Texte stimmen — bis auf eine Variante in Cod. 2 und mehrere in U, die später zu erörtern sind — durchweg im Inhalt mit einander überein. Es treten abgesehen von kleineren durch Schreib- und Flüchtigkeitsfehler veranlassten Abweichungen, auf die wir uns im Mittelalter ja selbst bei Orginalurkunden geschweige denn bei Copien gefasst machen müssen, nur zwei Differenzen hervor, die einer Beachtung werth sind. In 6 5 7 E A steht der Satz exceptis omnibus quae ad Romanam ecclesiam pertinere noscuntur gleich nach dem ersten Male, wo die Worte per sceptrum a te recipiat vorkommen, in 1 2 3 4 M erst da, wo diese Worte sich wiederholen [47]); es kann wohl nicht zweifelhaft sein, dass die Lesart der letztgenannten Codices die richtige ist: offenbar gehört die Exemtion des römischen Patrimoniums, welche

---

[43]) 3, 4, M haben provincialium statt comprovincialium, lassen absque omni exactione und das erste Mal per sceptrum weg.

[44]) 5, 7, E, A haben den Satz exceptis omnibus quae ad ecclesiam Romanam pertinere noscuntur verschoben und das zweite Mal et quae ex his jure tibi debet faciat ausgelassen. (3 und 4 lassen letzteren Satz nicht fort, wie Pertz a. a. O. angiebt.)

[45]) 6 ebenso wie in voriger Note, hat aber das erste Mal nach regalia a te per sceptrum die Worte sine exactione, vgl. Note 42.

[46]) Differirt stark s. weiter unten, S. 38.

[47]) vgl. den Text der Urkunde Calixt's weiter unten.

mit der Clausel exceptis etc. gemeint ist [48]), an die letztere Stelle, wo von den ausserdeutschen Bischöfen die Rede ist, während dort oben, wo es sich um die Investitur der deutschen Prälaten handelt, kein rechter Sinn mit diesen Worten zu verbinden ist. Die Lesart von 6 5 7 E A ist also wohl nur eine unabsichtliche Verschiebung, wie solche so oft vorkommt, aus Versehen durch die gleichlautend wiederkehrenden Worte a te per sceptrum recipiat veranlasst [49]); der Umstand, dass dieselben Codices auch den Zwischensatz et quae ex his jure etc. das zweite Mal fortlassen, spricht noch mehr für solches Versehen. Dagegen scheint die Clausel absque omni exactione eine Interpolation zu sein: an beiden Stellen, wo von der Ertheilung der Regalien die Rede ist, hat diese Worte nur Cod. 1; ausserdem hat Cod. 6. nur an der ersten Stelle in etwas anderer Form sine exactione; in allen übrigen Texten fehlt die Clausel. Auch sachlich ist dieselbe zu beanstanden: Heinrich hatte ausdrücklich nur versprochen, canonicam fieri electionem et liberam consecrationem, hatte nicht auf die bei dem Empfang der Investitur übliche vasallitische Huldigungsgabe verzichtet, die von altersher eine einträgliche Einnahmequelle für den Fiscus bildete; freilich war dieselbe für den Clerus eine unbequeme Last, hatte auch wohl für streng Kirchliche immer noch den Beigeschmack der Simonie, und so ist es erklärlich, wenn man durch einen Zusatz wie absque omni exactione solchen Abgaben vorzubeugen suchte.

Bei diesem Sachverhalt, da eine Reihe von einander unabhängiger Texte in allem Wesentlichen übereinstimmen, darunter namentlich die zweier unmittelbar gleichzeitig schreibender Autoren wie Ekkehard und Anselm, da ferner eine Reihe zeitgenössischer Schriftsteller alle wichtigeren einzelnen Bestimmungen als wahren Inhalt des Concordats durch ihre Angabe erhärten [50]), wird man im Ganzen an der Authenticität des Textes, wie ihn Pertz nach Cod. 1 wiedergegeben hat, nicht zweifeln können, nur vielleicht die Worte absque omni exactione als eine Interpolation beanstanden dürfen.

---

[48]) Dies ergiebt sich wohl unzweifelhaft aus der Stelle der Gesta episc. Virdun. (s. oben S. 29) und aus dem oben S. 28 Angeführten.

[49]) Giesebrecht, Gesch. d. deutsch. Kaiserzeit III, 941 und 1225 folgt der Fassung von E und A.

[50]) s. oben S. 29.

Ich setze den Text der Urkunde Calixt's der Bequemlichkeit wegen ohne die kleinen Abweichungen mittelalterlicher Orthographie hier her, indem ich die vermuthliche Interpolation durch Klammern heraushebe.

Ego Calixtus episcopus servus servorum Dei tibi dilecto filio Heinrico Dei gratia Romanorum imperatori augusto concedo electiones episcoporum et abbatum Teutonici regni, qui ad regnum pertinent, in praesentia tua fieri absque simonia et aliqua violentia; ut si qua inter partes discordia emerserit, metropolitani et comprovincialium consilio vel judicio saniori parti assensum et auxilium praebens. Electus autem regalia [absque omni exactione] per sceptrum a te recipiat, et quae ex his jure tibi debet faciat.

Ex aliis vero partibus imperii consecratus infra sex menses regalia [absque omni exactione] per sceptrum a te recipiat, et quae ex his jure tibi debet faciat; exceptis omnibus quae ad Romanam ecclesiam pertinere noscuntur. De quibus vero mihi quaerimoniam feceris et auxilium postulaveris, secundum officii mei debitum auxilium tibi praestabo. Do tibi veram pacem et omnibus qui in parte tua sunt vel fuerunt tempore hujus discordiae.

Es waren die Angaben Otto's von Freising und die Praxis Heinrich's V. und Friedrich's I., welche uns auf den Weg dieser Untersuchung führten. Dabei haben wir eine Variante des Cod. 2 und die Varianten des Textes im Codex Udalrici einstweilen bei Seite gelassen. Diese sind allerdings nicht danach angethan, das eben gewonnene Resultat zu erschüttern, aber dieselben werden besondere Bedeutung erhalten, wenn wir sie nun im Zusammenhang mit den allgemeinen Parteiverhältnissen in's Auge fassen; und auch die Angaben Otto's von Freising werden dann vielleicht in einem andern Lichte erscheinen.

III. Die verschiedene Handhabung des Wormser Concordates und Fälschungen desselben.

Das Zustandekommen des Wormser Concordates war, wie wir gesehen, nur durch allseitige Concessionen ermöglicht; jede Partei hatte Etwas erreicht, aber gerade darum fühlten sich viele durch den Ausgang nicht befriedigt. Calixt freilich, der mit der Ruhe eines sicheren Politikers über den Parteien stand, konnte mit seinem Erfolge zufrieden sein: der Einfluss des Kaisers auf die italienischen Kirchenverhältnisse war so gut wie aufgehoben, und er, der Papst, hatte durch das Concordat gerade das für seine römische Provinz erreicht, was er als Erzbischof von Vienne für seine burgundische Provinz erstrebt hatte: die Anerkennung vollständiger Territorialhoheit und die unbeschränkte Herrschaft über seine Suffraganen. Aber tief verstimmt waren Calixt's frühere Parteigenossen, jene Ultra's, wie Adelbert von Mainz, die um die Erreichung desselben Zieles betrogen waren. Und nicht weniger unwillig ertrug der König die Minderung seiner Regierungsrechte, zu der ihn das Wormser Concordat verpflichtete; wir wissen, wie schwer er erst in letzter Stunde nachgab[1]). Auch für die gemässigten Parteien gab es Gründe zur Unzufriedenheit: die Anhänger der kirchlichen Richtung in Deutschland konnten mit Neid auf die von den transalpinischen Prälaten errungene Begünstigung hinblicken, und die gemässigt Königlichen mochten umgekehrt die grosse Einbusse der deutschen Königsmacht jenseits der Alpen voll schmerzlichen Unmuthes betrachten. Nur die Vermittlungspartei nahm vielleicht im Ganzen das Concordat ohne Nebengedanken hin.

Unter diesen Umständen wird es uns nicht befremden, alsbald für und wider das Concordat ein lebhaftes Ringen der Parteien beginnen zu sehen, bald mehr im Verborgenen, bald offen und laut hervortretend, bald in der Form gelegentlicher Renitenz und willkürlicher Handhabung, bald in principieller Opposition

---

[1]) vgl. Jaffé, bibl. V, 519; Giesebrecht, Gesch. d. dtsch. Kaiserzeit III, 399

und absichtlicher Ignorirung; und es wird uns nicht befremden, unsere Könige selbst in dieses Ringen hineingezogen zu sehen, indem sie je nach ihrer verschiedenen Parteistellung auch zu der Concordatsfrage verschiedene Stellung nehmen.

König Heinrich V. war seiner ganzen Natur nach nicht der Mann, sich durch den Wortlaut eines Pergamentes für gebunden zu halten und die passive Rolle, die ihm das Concordat bei der Wahl des Clerus zuertheilte, zu spielen; bereits auf dem Reichstag zu Worms selbst hatte er Gelegenheit — unter Anderem wohl bei der Wahl und Investitur des Abtes von Fulda [2]) — seine Befugnisse in einer Weise auszuüben, dass Adelbert von Mainz beim Papste sofort heftige Klage führen konnte, der König missbrauche die noch nicht einmal von jenem bestätigten Rechte [3]). Ferner erfahren wir, wie Heinrich schon im folgenden Jahre bei der streitigen Abtswahl in Sct. Gallen auftrat: da erfragte und erhielt er vom Hofgericht das Weisthum, dass es ihm frei stehe, kraft seines Rechtes die Amtsgewalt auf wen er wolle zu übertragen; und er that so [4]). Gab das Wormser Concordat dem König ein solches Recht? Keineswegs: dort war das Urtheil des Königs in solchem Falle ja an die Entscheidung des Metropoliten und der Comprovincialen gebunden. Und das Hofgericht behauptete trotzdem, der König allein habe das Recht zu entscheiden? Wie erklärt sich dieser Widerspruch?

Hier ist der oben einstweilen bei Seite gelassene Text der Urkunde Calixt's aus dem Codex Udalrici [5]) in's Auge zu fassen, der durch mehrere Auslassungen wesentlich gegen alle anderen Texte differirt:

Ego Calixtus servus servorum Dei dilecto filio Heinrico
Dei gratia Romanorum imperatori augusto concedo elec-

---

[1]) Ekkehard M. G. SS. VI 260, 42.

[2]) Brief Adelbert's bei Jaffé, bibl. V, 519: ipse tamen imperator, parum attendens quem periculi laqueum per vestram misericordiam evaserit et quod utcunque concessa sibi potestas adhuc etiam pendeat sub judicio vestrae discussionis, in legatorum vestrorum praesentia quantum ea abusus sit, ex eis expeditius cognoscere poteritis.

[4]) M. G. SS. II 160, 26 ff., speciell 40: audiens rex hujusmodi allegationes inter se discordantium partium, ex sententia curiae obtinuit, neutram istarum partium juri suo resistere, quin libere hanc potestatem posset in quemcunque vellet ex jure transferre; vgl. oben S. 32.

[5]) bei Jaffé, bibl. V, 388.

tiones episcoporum et abbatum Teutonici regni, qui ad regnum pertinent, in tua praesentia fieri absque simonia et aliqua violentia, ut si qua inter partes discordia emerserit, saniori parti assensum et auxilium praebeas. Electus vero a te regalia recipiat et quae ex his jure tibi debet, faciat. Ex aliis vero partibus imperii consecratus infra sex menses regalia a te recipiat et quae ex his jure tibi debet, faciat. Do tibi veram pacem et omnibus, qui in parte tua sunt vel fuerunt tempore hujus discordiae; et in quibus postulaveris, secundum officii mei debitum auxilium tibi praestabo.

Im Vergleich dieses Textes mit dem, der uns als authentisch gilt und sich als solcher erwiesen hat [6]), fehlt hier die Bestimmung metropolitani et comprovincialium consilio vel judicio, es fehlen die Worte per sceptrum beide Male, es fehlt die Exemtion der römischen Regalien durch die Clausel exceptis etc., es fehlt das nebenbei hinter den Satz Do tibi .... discordiae geschobene Versprechen der Hülfsleistung speciell auf Klagen des päpstlichen Stuhles. Bei der Flüchtigkeit mittelalterlicher Urkundenbehandlung wird man nicht ohne Weiteres bei Auslassungen auf eine Absicht schliessen dürfen; so hat die im Codex Udalrici an derselben Stelle [7]) vorangehende Concordatsurkunde Heinrich's auch einige Auslassungen, die nur den Charakter der Kürzung an sich tragen, wie um den Hauptinhalt des Documentes zum Handgebrauch wiederzugeben. Wenn aber solche Auslassungen den Sinn und Inhalt der Urkunde wesentlich modificiren und wenn sie übereinstimmend eine und dieselbe Tendenz erkennen lassen, so müssen wir sie für beabsichtigt halten. Und das ist hier der Fall; wichtige Clauseln des Concordates, welche die Rechte des Königs wesentlich beschränken, sind ja entfernt: bei zwistigen Wahlen soll die Entscheidung des Fürsten nicht von dem Urtheil des geistlichen Gerichts abhängig sein, die Souveränität über die römische Provinz soll dem Kaiser nicht entzogen werden, es ist verschwiegen, dass derselbe sich gerade nur des Scepters bei der Belehnung der Prälaten bedienen darf. Diese Auslassungen wird man nicht für zufällig halten, sie sind zu Gunsten des Königthums gemacht;

---

[6]) vgl. oben S. 33 ff.
[7]) Jaffé, bibl. V, 387.

die im Codex Udalrici vorliegende Form der Urkunde Calixt's zeigt eine absichtliche Fälschung des Concordates von königlicher Seite. Allerdings ist der Codex Udalrici, diese Sammlung des Mönches vom St. Michaelskloster bei Bamberg, schon 1125 zuerst abgeschlossen und edirt worden und man möchte einwenden: sollte so unmittelbar nach Abschluss des Wormser Concordates bereits eine Fälschung in Umlauf gewesen sein können, ohne dass Jeder sofort die Abweichung vom bekannten echten Text bemerkt hätte? Wohl befremdet unseren modernen Geist eine solche Erscheinung, aber in jener Epoche des Mittelalters ist das keineswegs auffällig. Nur zwei ganz analoge Beispiele aus derselben Zeit rufe ich in's Gedächtniss. Von dem berühmten Wahldecret Nicolaus' II., das auf dem grossen Reformconcil des Jahres 1059 erlassen wurde, tauchten wenige Jahre später, vielleicht schon unmittelbar nach dem Concil, Fälschungen im königlichen und im kirchlichen Parteiinteresse auf und kamen der Art in Umlauf, dass einer der angesehensten Canonisten der Zeit, der Kardinal Deusdedit, im Jahre 1097 schreiben konnte, es wären wenig oder gar keine echten Exemplare des Decretes zu finden [8]. Und Heinrich V. selbst stützte 1107—11 sein politisches Vorgehen gegen die Curie auf jene angebliche Urkunde Hadrian's I. [9], deren Unechtheit man auf der Gegenseite wohl ahnte, wohl behauptete [10], ohne dass man doch im Stande war, dieselbe irgend zu erweisen; das Urtheil über die Echtheit war in solchen Fällen dann schliesslich nur von der Parteistellung dictirt. So ist es also weder auffällig, dass so kurz nach 1122 schon eine Fälschung der Concordatsurkunde auftauchte, noch dass man dieselbe bona fide hinnahm; auch wenn man gewisse Abweichungen bemerkte, fand man, da dieselben dem Könige günstig waren, sicher nichts Anstössiges daran in den stark königlich gesinnten Kreisen des Bamberger Stiftes, wo man trotz aller Ergebenheit gegen den Papst die Reichstreue bewahrte, wo man den Anmassungen eines Adelbert von Mainz noch 1118 lebhaft opponirt hatte, wo man die Schriften Ivo's und Sigebert's, nebst den gefälschten Privilegien der

---

[*] s. Giesebrecht, Münchner histor. Jahrbuch für 1866, S. 156 ff.
[9] vgl. Forschgen z. dtsch. Gesch. XV, 636.
[10] vgl. Placidus von Nonantula, cap. 67, 78, 79, 81, 102, 116 bei Migne, patrolog. curs. compl. Band 163. Es ist anziehend zu sehen, wie Placidus sich vergeblich bemüht, sich mit dieser der Kirchenpartei höchst unbequemen Urkunde abzufinden.

Päpste Hadrian und Leo zur Vertheidigung der königlichen Rechte, der weltlichen Investitur, sammelte und zusammenstellte [11]).

Fassen wir also mit Hinblick auf diesen Text den auffallenden Spruch des Hofgerichts und die darauf gestützte Praxis König Heinrich's bei dem Wahlzwist zu St. Gallen in's Auge, so ergiebt sich dies: das königliche Hofgericht behauptet, der König habe das Recht, bei einer zwistigen Wahl allein zu entscheiden; ein solches Recht gewährt das Wormser Concordat dem Könige in keiner Weise, jedoch der Text des Codex Udalrici vindicirt durch die Beiseitelassung der Clausel metropolitani et comprovincialium consilio vel judicio dem Könige und diesem allein die Entscheidung — dürfen wir zweifeln, dass die Anschauung und der Spruch des Hofgerichts mit dieser gefälschten Form der Urkunde in innerem Zusammenhange steht? Im ganzen Mittelalter hat man die Versuche nicht gescheut, eine mit Fug oder Unfug in Anspruch genommene Berechtigung durch Fälschung zu formalem Rechte zu erheben; von Constantin's Schenkung und Pseudo-Isidor an bezeugt das die ununterbrochene Reihe von Urkundenfälschungen auf allen Gebieten des privaten und öffentlichen Rechtes. Fand die königliche Regierung trotz des Wormser Concordates, dass der althergebrachte Einfluss auf die Wahlen nicht zu entbehren sei, so ist sie unter einem Heinrich V. gewiss nicht vor einer Fälschung zurückgeschreckt, um die hinderliche Bestimmung des Vertrages zu entfernen.

Und somit scheint es mir unzweifelhaft, dass Heinrich V., nachdem er durch das Wormser Concordat den Frieden mit der Curie und dem Reiche erkauft hatte, von Anfang an entschlossen war, sich in Ausübung seiner königlichen Rechte dadurch nicht behindern zu lassen, und dass eine Fälschung der Urkunde Calixt's dieser Absicht diente. So entschädigte er sich für den Einfluss, welchen er in Italien verloren, durch rücksichtslose Anspannung der Regierungsgewalt in Deutschland, ganz im Einklang mit der nach 1122 von ihm eingeschlagenen Politik, welche sich von Italien abwandte, um sich nach dem Westen und Norden zu kehren, einer Politik, die er einstweilen ungestraft verfolgen konnte. Denn der Papst, des endlich geschlossenen Friedens froh, be-

---

[11]) Im Codex P. I 9. 64 membr. secl. XII, der bezeichnet ist „ad bibl. reverend. Capituli Bahembergensis" und im Cod. Q. 6 31 membr. secl. XII, der bezeichnet ist „Cod. monasterii Scti Michael.; beide auf der kgl. Bibliothek zu Bamberg.

gnügte sich mit der principiellen Nachgiebigkeit des Kaisers und mit der errungenen Unabhängigkeit der italienischen Kirche, sah über die wenig vertragsgetreue Praxis in Deutschland hinweg, und vergeblich klagte daher Adelbert von Mainz laut über die fortwährenden Uebergriffe des Königs [12]), während Andere im Stillen seufzten.

Calixt und Heinrich starben bald nach einander in den Jahren 1124 und 1125. Ihr Tod brachte die zurückgedrängte Opposition, brachte andere Personen und Meinungen in den Vordergrund: der alte Gegner des Königthums, der Bundesgenosse der Kirchenpartei, Lothar der Sachsenherzog trat als Bewerber um die Krone auf.

Nun hoffte Adelbert, nun hofften die orthodox mönchisch Gesinnten, die wahre Freiheit der Kirche durchzusetzen [13]); nun tauchte bei der Wahl Lothar's jenes Programm der Wahl- und Investiturordnung auf, das uns in der Narratio de electione Lotharii berichtet ist [14]).

Bringen wir dasselbe analog den früher skizzirten Parteiprogrammen in ein Schema, so ergiebt sich Folgendes:
1) Wahl durch Volk und Klerus ohne jeden weltlichen Einfluss.
2) Weihe und geistliche Investitur.
3) Weltliche Investitur mit den Regalien mittels des Scepters.
   Dagegen Leistung der Lehnspflichten salvo ordinis proposito seitens des Prälaten.

Man sieht, dies ist das Programm der kirchlichen Partei, wie es im Wormser Concordat für den Clerus Italiens und Burgunds durchgesetzt war [15]), und es ist sehr begreiflich, dass die deutschen Kirchenmänner sich nach der Aus-

---

[12]) vgl. seinen Brief bei Jaffé, bibl. III, 394.

[13]) s. das Manifest zur Neuwahl M. G. LL. II, 79: Dispositionis divinae providentiam invocetis, ut in substitutione alterius personae sic ecclesiae suae et regno provideat, quod tanto servitutis jugo amodo careat et suis legibus uti liceat.

[14]) M. G. SS. XII, 511: Habeat ecclesia liberam in spiritualibus electionem, nec regio metu extortam, nec praesentia principis ut ante coartatam vel ulla petitione restrictam; habeat imperatoria dignitas electum libere, consecratum canonice regalibus per sceptrum, sine pretio tamen, investire sollemniter et in fidei suae ac justi favoris obsequium, salvo quidem ordinis sui proposito, sacramentis obligare stabiliter.

[15]) vgl. oben S. 24.

dehnung dieser Begünstigung auch auf Deutschland sehnten. Ja, wenn ich nicht irre, hat dasselbe Streben, welches so bei der Wahl Lothar's Ausdruck fand, auch zu einer Fälschung der Concordatsurkunde von kirchlicher Seite geführt. Hier nemlich gewinnt jene Variante des Codex 2, die ich bisher bei Seite liess, Bedeutung. Es heisst da statt Electiones episcoporum et abbatum .... in praesentia tua fieri am Aufange consecrationes etc.;und falls wir, was recht fern liegt, das nicht für ein harmloses Versehen in dem sonst ganz richtigen Text halten wollen, liegt hierin derselbe Versuch vor, die Wahl von der Gegenwart des Königs zu befreien, die Investitur hinter die Weihe zu verlegen, wie in dem eben skizzirten Programm [16]). Dieses Programm entspricht eigentlich nicht den Wünschen der Ultra's, die vor 1122 dem Könige jede Investitur und Verfügung über das Kirchengut entreissen wollten. Wenn also Adelbert solche Forderungen gewissermassen wie einen Wahlpakt dem Sachsenherzog als Beding für dessen Erhebung gestellt hat [17]), so hat er seine extremsten Wünsche aufgegeben, um sich mit denen der gemässigteren Kirchenpartei zu vereinen. Bedeutete es doch auch so noch immer genug, wie wir wissen, wenn es gelang, diesen Modus auch für Deutschland zur Geltung zu bringen!

Aber die Zeit nicht nur extremster, auch extremer Forderungen war vorüber. Mit dem neuen Herrscher gewann ein anderer Geist die Oberhand. Die allgemeine Friedenssehnsucht, welche endlich trotz aller Intriguen auf dem politischen Gebiete den Abschluss des Concordates bewirkt hatte, machte sich auch auf geistigem Gebiete geltend. Jene tiefe Friedenssehnsucht, welche stets der Quell aller echten Religiosität sein wird, ergriff alle Stände und führte zu den grossen neuen Ordens- und Klosterstiftungen, die überall reissend schnellen Eingang fanden, führte zu einer Vertiefung des kirchlichen Lebens überhaupt. Die Mönche wandten sich vom Getriebe der Welt und Politik wieder ihrer eigentlichen Bestimmung zu, die Bischöfe gedachten wieder ihrer

---

[16]) Dass dieser fälschenden Tendenz gemäss im weiteren Text des Cod. 2 nicht der Satz Ex aliis vero partibus imperii consecratus etc. fortgelassen ist, wird nicht befremden, wenn man die naive Plumpheit mittelalterlicher Fälschungsversuche im Allgemeinen berücksichtigt.

[17]) vgl. Giesebrecht, Gesch. d. dtsch. Kaiserz. IV, 417; meine Schrift Lothar III. und das Wormser Concordat S. 7 ff. und fernerhin im Allgemeinen; Wichert, in Forschgen z. deutsch. Gesch. XII, 66 ff.

Seelsorge, ihrer Mission, die Chorherren begannen ihren geistlichen Charakter durch Erneuerung der vita canonica zu bethätigen und zu stärken, die Kirchenschriftsteller vertieften sich wieder in die Fragen des Gemüthes und liessen die kirchenpolitischen Differenzen ruhen; kurz, die ganze Kirche besann sich wieder ihrer inneren Aufgaben; und an ihrer Spitze stand nicht mehr Calixt mit seinem politischen Geist, der recht eigentlich gewählt war, weil die Cardinäle hofften, se per illius potentiam..... imperatoris viribus obniti posse [18]), sondern der friedliebende Honorius. Hatte der Pasciscent des Wormser Concordates, Calixt, noch Grund gehabt, Adelbert und dessen Gleichen als seine früheren Parteigenossen zu schonen und zu begünstigen, so gab es für Honorius diesen Grund nicht mehr. Im Gegentheil war es endlich Zeit, diese „zweiten Päpste" in ihre Schranken zurückzuweisen; und Honorius that das, indem er hierin den gleich gerichteten Interessen Lothar's entgegen kam. Ich glaube, durch die Ausführungen, die ich im zweiten Theil über die Stellung der Partei der hohen Prälaten zum Papstthum gegeben habe, wird meine früher geäusserte Ansicht [19]) an Halt gewonnen haben, dass Lothar sich über die gefährlichen Häupter Friedrich's von Köln und Adelbert's von Mainz hinweg mit dem Papste direkt in's Einvernehmen setzte und sich so dem beengenden Einflusse jener Prälaten mit ihren Ansprüchen entzog, indem die Mehrzahl der weltlichen Fürsten ihm darin zur Seite stand. Unbekümmert um jene Ultras trat er dann als Nachfolger Heinrich's V. in die Rechte des Wormser Concordates ein. Er verstand es mit kluger Mässigung, mit glücklicher Erfassung der augenblicklichen Zeitrichtung, die Bestimmungen desselben zur Wahrheit zu machen, und dadurch alle die, welche den Frieden zwischen Regnum und Sacerdotium auf dem Boden der Thatsachen wollten, zu einer grossen Partei um sich zu consolidiren, darunter namentlich die Vertreter der neuen mächtig aufstrebenden Ordensverbindungen. So sehr haben sich nun die früheren Parteigegensätze verschoben, dass die Ultras aus der Epoche des Investiturstreites sich fast isolirt finden, dass gegen sie, noch jüngst die Vorkämpfer der wahren Orthodoxie, ein Bernhard von Clairvaux in frommer Entrüstung eifert als gegen

---

[18]) Fulconis Chron. Benevent. bei Muratori SS. V, 92; vgl. auch Wilh. von Malmesbury, Gesta reg. Angl. V § 432.

[19]) Lothar III. u. d. Wormser Concordat S. 16.

die Vertreter eines äusserlichen, verweltlichten, ehrgeizigen Strebens. Dieser Gegensatz ist es, der sich bei dem Schisma von 1130 in der Gegnerschaft Anaclet's und Innocenz' an höchster Stelle verkörpert [20]: durch Anaclet hofften die Girard von Angoulême und Adelbert von Mainz noch einmal den verlorenen Einfluss wiederzugewinnen, und die Legatenwürde ist der Preis ihrer Anhänglichkeit [21]; auf Innocenz' Seite treten die Männer innerlicher Richtung wie Peter von Clugny, Bernhard von Clairvaux, Norbert von Magdeburg mit dem ganzen mächtigen Anhang der Orden von Clugny, Citaux, Prémontré, Chartreuse [22]; ja, in diesem Sinne trennt sich jetzt sogar Conrad von Salzburg entschieden von seinen früheren Gesinnungsgenossen und ergreift Innocenz' Partei. Dadurch zeigt sich, dass jetzt die Parteigruppirung von anderen Fragen bedingt war, als denen des Concordates. Denn in dieser letzteren Beziehung stand Conrad von Salzburg durchaus nicht auf dem Standpunkt, welchen die meisten Bischöfe, die Innocenz anhingen, einnahmen, sondern auf demselben Standpunkte wie Adelbert und andere Anhänger Anaclet's.

Dies ist etwas näher darzulegen. Bis hierher nemlich habe ich verspart, von der ganz eigenthümlichen Stellung Conrad's von Salzburg nach 1122 zu sprechen, weil dieselbe hier erst deutlich hervortritt und eine allgemeinere Bedeutung gewinnt. Das Erzstift Salzburg nahm durch seine geographisch-politische Lage an sich eine besondere Stellung im Reiche ein [23], und Conrad war der Mann, dieselbe mit eigenem Geiste zu erfassen. Wahrscheinlich von Heinrich V. investirt, hatte er wie so viele zur Sicherung seine Weihe in Rom geholt [24], hatte dann aber ganz in den Reihen der Ultrapartei neben Adelbert von Mainz, Friedrich von Cöln, Adelgot von Magdeburg, gegen Heinrich V. gekämpft und durch seine Herrschsucht eine ähnliche Opposition bei seinen

---

[20]) vgl. Zoepffel, Die Papstwahlen S. 394, wo dies angedeutet ist.
[21]) vgl. Mühlbacher, Die streitige Papstwahl des J. 1130, S. 131 Note 4; Lothar III. u. d. Wormser Concordat S. 19. — Anselm von Mailand erhielt u. A. von Anaclet sofort die Stola zugesandt, welche derselbe bis dahin nicht zu Rom hatte entgegennehmen wollen, s. M. G. SS. XX, 44, 2 u. 45, 13.
[22]) vgl. Mühlbacher a. a. O. S. 130.
[23]) vgl. W. Schmidt, Die Stellung der Erzbischöfe und des Erzstiftes von Salzburg zu Kirche und Reich unter Kaiser Friedrich I., im Archiv für österreich. Gesch. XXXIV S. 7.
[24]) vgl. Chr. Meyer, Erzbischof Konrad I. von Salzburg, Jenaer Dissert. 1868, S. 9.

Suffraganen gefunden wie Joceran von Lyon, Adelbert von Mainz u. A. [25]). Doch er unterschied sich ganz und gar von diesen seinen Parteigenossen durch die fromme Innerlichkeit seines Wesens, dessen unbeugsamer, charaktervoller Ernst ihm selbst bei den Gegnern Achtung errang. Die Ansicht, dass das Weltliche dem Geistlichen unterworfen sein müsse, war bei ihm wirklich eine dogmatische Ueberzeugung geworden, und das Unglück des Kampfes, das ihn als Flüchtling in's Lager des Sachsenherzogs Lothar führte, vertiefte und verhärtete seine Ueberzeugung noch. Da der Friedensschluss im Jahre 1121 ihm die Rückkehr in seine Diözese gestattete, zog er sich von der politischen Bühne zurück, um im kleineren Kreise des Erzstiftes sein altes Ultraprogramm nach Kräften zu verwirklichen: Unabhängigkeit vom Könige und Herrschaft über seine Suffraganen, ein Streben, zu dem die Salzburger Erzbischöfe sich noch besonders aufgefordert sehen mussten, seitdem ihnen die Herrschaft über das neue Bisthum Gurk durch päpstliche und königliche Privilegien verliehen war, worin es hiess: ut nullus episcopus ibi constituatur, nisi quem tu vel tui successores prompta voluntate elegerint, ordinaverint et consecraverint [26]). Das Wormser Concordat sah Conrad daher ebenso wie Adelbert als eine lästige Fessel an und hoffte bei der Wahl Lothar's gewiss ebenso wie dieser auf die Beseitigung desselben. Ja, er handelte schon, als sei das geschehn. Am ersten Tage der Wahlversammlung wurde der Erwählte von Brixen, der Salzburger Suffragan, den Conrad nach Entfernung des Heinrich V. anhängenden Bischofs Hugo eingesetzt hatte, geweiht, ohne vorhergängige Investitur, wider das Concordat, ganz im Geiste des in der Naratio berichteten Programmes und Wahlpaktes [27]). Und da Lothar sich ja der Bestätigung dieses letzteren zu entziehen, das Wormser Concordat aufrecht zu erhalten wusste, hat Conrad trotz dessen nach seinem eigenen Sinne weiter gehandelt. Es ist möglich, dass Lothar ihm das ausdrücklich gestattete, wie er ihm auch den Treueid erliess, aus persönlichem Vertrauen; doch wahrscheinlicher, dass der König für's Erste nur stillschweigend darüber hinwegsah, wie später selbst der strenge Friedrich Barbarossa die Ausnahmestellung des Erzbischofs Eberhard duldete, um den allseitig hoch angesehenen

---

[25]) s. oben S. 12; Meyer a. a. O. S. 22 ff.
[26]) Jaffé, Regesta pontific. Rom., No. 3450 vom 21. März 1070 u. Stumpf, Reichskanzler, No. 2755 vom. 4. Februar 1072.
[27]) M. G. SS. XII 510, 15 und ibid. XI 76, 12.

Mann nicht von sich zu stossen. Jedenfalls hat Conrad von Salzburg 1132 auch seinen Suffragan Heinrich von Regensburg ohne Genehmigung des Königs wählen lassen und demselben die Weihe ertheilt, ehe die Investitur vom Könige eingeholt war [28] — also ganz wie 1125 bei der Weihe des Brixener's, ganz, als ob er sich nach dem Programm der Narratio richte. Es ist unter diesen Umständen wohl erklärlich, wenn der Verfasser der Narratio — höchst wahrscheinlich eben ein Salzburger Kleriker — der Meinung war oder die Meinung erwecken wollte, dieser Modus sei zu Mainz allgemein anerkannt und von Lothar „stabili ratione" verbrieft worden. Conrad war der Einzige, dem es unter Lothar gestattet war, das Concordat ungestraft zu ignoriren; als er sich 1130 dem Papst Innocenz anschloss, entschied seine Parteinahme sich nicht durch diese Frage — mit ihm ergriff voll Wärme Innocenz' Partei ein Norbert von Magdeburg, der in dieser Frage ganz entgegengesetzter Ansicht war, indem er den Einfluss des Königs auf die Bischofswahl für kanonisch zulässig erklärte, d. h. also dem Wormser Concordate anhing, so dass Conrad selbst ihn deshalb zur Rede gestellt hatte [29].

Also standen Anhänger beider Richtungen, strenge Gregorianer und Concordatsfreunde, auf Innocenz' Seite; es erklärt sich so, dass auch Lothar für denselben eintrat, denn man konnte nicht wissen, dass Innocenz, der ja auf dem Wormser Reichstag als Friedenslegat mit thätig gewesen, als Papst sehr bald eine durchaus concordatsfeindliche Richtung einschlagen würde.

Wir, vom ferneren Standpunkt des geschichtlichen Ueberblicks aus, vermögen allerdings einzusehen, dass die Curie früher oder später dazu kommen musste, sich über das Concordat hinwegzusetzen, da ihr Verhältniss zum Episkopat dabei in Frage kam.

Es war nämlich, wie wir sahen, zwar die Stellung der deutschen Bischöfe zum König durch das Wormser Concordat am Ende des Investiturstreites nicht irgend wesentlich verändert wor-

---

[28] s. Lothar III. und d. Wormser Concordat S. 31.

[29] In einem leider verlorenen Briefe, dessen Gerhoh von Reichersperg erwähnt: De isto consensu honoratorum cujusque civitatis admittendo et requirendo in electione pontificis, copiose memini tractatum in epistola beatae memoriae Chuonradi Salzburgensis archiepiscopi ad archiepiscopum Magdeburgensem Norbertum . . . Voluerat enim ille inter honoratos cujusque civitatis etiam potestativos principes vel reges, reipublicae administratores, esse comprehensos etc. bei Pez, thes. V 1166 B. im Commentar zu Psalm 64.

den; denn dieselben blieben Reichsfürsten und -Vasallen, wie vordem [30]); aber ganz fundamental hatte sich im Laufe des Investiturstreites die Stellung der Bischöfe zum Papst, ihre Stellung innerhalb der Kirchenverfassung verändert; und gegen die daraus entspringenden Consequenzen bot das Concordat keine Schutzwehr noch Waffe. Das wesentlichste Resultat von Gregor's VII. erschütternder Wirksamkeit war ja die völlige Durchbrechung der alten Metropolitanverfassung zu Gunsten des päpstlichen Monarchismus gewesen, und das hatte sich während der Dauer des Kampfes immer mehr herausgestellt und befestigt. Vergebens war der Protest der Kirchenmänner aus guter alter Zeit, wie ihn noch 1103 Sigebert von Gembloux ernst und scharf erhob, da er an Paschalis schrieb: quot gradibus ad vos ascendimus, tot ad nos descendere debetis; est primus gradus nobis ad episcopum, secundus ad archiepiscopum, per quos ascendere debemus ad gradum tertium, id est ad papam Romanum [31]). Immer widerstandsloser riss der grosse Zug nach Rom Alles in seine Kreise; in privaten und öffentlichen Angelegenheiten drängte sich die Fluth der Appellationen und Prozesse nach Rom, die Klöster erstrebten und errangen Privilegien der libertas Romana, und Exemtion von der Bischofsgewalt, die Aebte suchten in Rom die Auszeichnung der Sandalen und Mitra, die Metropoliten die Vollmacht der Legation. Die Bischöfe speciell gewöhnten sich, wie wir sahen, mehr und mehr, vom Papst ihre Weihe zu erholen, zunächst zur Sicherung, dann bald zur besonderen Auszeichnung. Noch nahm zwar Paschalis die Höflichkeitsrücksicht, hinzuzufügen, es geschehe salvo jure metropolitani [32]); aber principiell galt doch schon Alles, was mit der Einsetzung und Amtsführung der Bischöfe zusammenhing, als causa major und als solche für durchaus der potestas ordinis und jurisdictionis des Papstes unterworfen; ja schon gewann die Theorie von der Gründung und Einsetzung aller Kirchen durch die Kirche St. Petri festeren Boden [33]). Aus-

---

[30]) vgl. Planck, Gesch. der christlich-kirchl. Gesellschaftsverfassg. IV, 2 S. 46, und weiterhin im Allgemeinen dieses noch immer nicht überholte Werk.

[31]) Jaffé, bibl. V, 212; vgl. auch ibid. 215 Zeile 2 v. unten.

[32]) z. B. bei der Weihe Otto's von Bamberg s. Jaffé, bibl. V, 250; vgl. Planck, Gesch. der christlich-kirchl. Gesellschaftsverfassg. IV, 2 S. 565 ff., speciell S. 678 ff.

[33]) vgl. Placidus von Nonantula cap. 73 und 74.

drücklich hatte aber Gregor, wie wir gesehen, in seinem Canon von 1080 die Concurrenz der päpstlichen Potestas bei der Wahl als gleichberechtigt neben das Judicium des Metropoliten gestellt, speciell für den Fall einer irgend anstössigen und zwistigen Wahl [31]). Dieser Canon Gregor's VII. stand da und musste für alle Zeiten als unanfechtbares Kirchenrecht gelten — konnte dem gegenüber die Bestimmung eines Concordates, die Clausel metropolitani et comprovincialium judicio eine Schranke bilden?

Nie hat die Curie auf ein einmal ausgesprochenes oder gar schon geübtes Recht zu Gunsten eines Concordates verzichtet, und man braucht nur die Ausführungen des ersten Canonisten jener Zeit, Ivo's von Chartres, zu lesen, um zu erkennen, dass man auch damals vom curialen Standpunkt ein solches Concordat als eine lediglich von Nützlichkeitsrücksichten gebotene momentane Connivenz, eine dispensatio laudabilis, die den besser begründeten Rechten der Kirche niemals dauernden Abbruch thun könne, ansah [35]). Mochten also, um mit Ivo's Worten zu reden, eine Zeit lang „Personen und Verhältnisse" dieses Absehen von der Strenge des Princips gebieten und bedingen, so war die Stunde vorauszusehen, wo die Curie das Concordat einfach ignoriren würde.

Innocenz war entschlossen, das zu thun, und er that es in eclatanter Weise bei der zwistigen Wahl in Trier 1132, indem er dem vom Könige zurückgewiesenen und nicht investirten Albero die Weihe verlieh [36]); wohl mochte das Conrad von Salzburg ermuthigen, nun bei der Regensburger Wahl ebenfalls das Concordat zu ignoriren und die Weihe vor der Investitur zu ertheilen [37]).

Lothar jedoch sah sich durch diese Vorgänge veranlasst, als er in Rom dem Papste seine Hülfe geleistet, eine ausdrückliche Bestätigung dieses wichtigsten Concordatsrechtes zu verlangen. Innocenz musste nothgedrungen wenigstens soviel thun, dem Kaiser dies urkundlich von Neuem zu bestätigen [38]):

Nos igitur majestatem imperii nolentes minuere, sed au-

---

[31]) s. oben S. 5.
[35]) vgl. Ivonis opp. S. 98 r. in Epist. 231; S. 111 r. Zeile 16 v. unten in Ep. 260; S. 101 r. Zeile 11 v. oben in Ep. 236.
[36]) Lothar III. und d. Wormser Concordat S. 29.
[37]) s. Note 28.
[38]) bei Jaffé, bibl. V, 622; vgl. ausführlicher darüber Lothar III. und d. Wormser Concordat S. 40 ff.

gere, imperatoriae dignitatis plenitudinem tibi concedimus et debitas et canonicas consuetudines praesenti scripti pagina confirmamus.

Interdicimus autem, ne quisquam eorum, quos in Teutonico regno ad pontificatus honorem vel abbatiae regimen evocari contingerit, regalia usurpare vel invadere audeat, nisi eadem prius a tua potestate deposcat atque ex his quae jure debet tibi, tuae magnificentiae faciat.

Wenn es gestattet ist, über zeitlich so ferne politische Vorgänge ein Urtheil zu fällen, so erscheint es als ein schwerer, durch die Parteiverhältnisse vielleicht zu erklärender Fehler Lothar's, dass er bei jener Gelegenheit dieses Recht nicht als ihm kraft des Wormser Concordates schon zustehend bezeichnen und hinstellen liess. Obwohl nemlich in der Urkunde dem Wortlaut nach das Wormser Concordat in den betreffenden Sätzen geradezu wiederholt ist, wird dasselbe nicht ausdrücklich erwähnt, nicht ausgesprochen, dass Lothar in Bezug daauf Rechtsnachfolger Heinrich's V. sei [39]); und diese erneute Bestätigung selbst hat auch nur die Form einer persönlichen Concession an Lothar [40]). Nach dem, was vorher ging und folgte, ist die Absicht der Curie hierbei wohl nicht zu verkennen — das Wormser Concordat sollte für sie nicht mehr existiren.

Lothar seinerseits hielt indess ein weiteres Vorgehen des Papstes durch seine kräftige Regierung, durch die zugleich consequente und schonende Handhabung des Concordates noch auf. Wie genau er sich an die Vertragsbestimmungen hielt und dass er speciell in dem Falle streitiger Wahlen sich nach dem echten Text des Concordates richtete, ganz anders als Heinrich V., habe ich in meiner öfter erwähnten Schrift im Einzelnen ausgeführt; am deutlichsten zeigt es sein Schreiben an den Papst in der Halberstädter Wahlangelegenheit, wo er geradezu die betreffende Clausel des Concordates citirt [41]): audita utraque parte ita nobis eos re-

---

[39]) So meinte ich die Ausführung in meiner Schrift a. a. O., welche Mühlbacher, Die streitige Papstwahl des J. 1130 S. 192 Note 4 missverstanden hat.

[40]) Wenn Lothar das Wormser Concordat sich Namens des Kaiserthums hätte bestätigen lassen, wäre die Behauptung der Curie, der Vertrag sei nur mit Heinrich V. persönlich geschlossen und habe für dessen Nachfolger keine Rechtskraft mehr, später unmöglich gewesen. Dies war meine Meinung a. a. O. S. 43 Note 90. — Vgl. unten Note 50.

[41]) s Jaffé, bibl. V, 524.

mittas, ut salva libertate electionis nos pro consilio archiepiscopi et suffraganeorum adhibitis religiosis personis talem provideamus, qui ecclesiae et imperio expediat.

So erhielt Lothar den Frieden, ohne die Rechte des Königthums Preis zu geben, und wenn er einen Nachfolger seines Geistes gehabt hätte, würde die Nachwelt ihn wohl nicht soviel mit Unrecht beschuldigt haben. Es ist unfraglich, dass Lothar's Schwiegersohn, Heinrich der Stolze, dessen unbotmässige Haltung schon in Italien den Zorn des Papstes erregt hatte [12]), zum Mindesten das Concordat ebenso festgehalten, wenn nicht darüber hinaus gegriffen haben würde, falls er zur Regierung gelangt wäre. Gerade dies ist wohl der Hauptgrund gewesen, weshalb die Curie nach Lothar's Tode so energisch der Wahl Heinrich's entgegenwirkte und diejenige Conrad's III. begünstigte.

Albero von Trier, der jetzt, nach dem Tode Adelbert's von Mainz, eine ganz ähnliche Rolle wie einst dieser spielte, setzte im Einvernehmen mit dem römischen Stuhl und neidischen weltlichen Fürsten die Anerkennung Conrad's des Staufen durch [43]). Dieser, während der ganzen Dauer seiner Herrschaft durch innere Fehden behindert, vermochte nicht, sich den curialen Einflüssen zu entziehen.

Erst kürzlich hat Witte in seiner Dissertation [44]) nachgewiesen, dass Conrad allerdings nach den Bestimmungen des Wormser Concordates handelte, wo er es vermochte, dass er aber nicht die Macht besass, den Uebergriffen der Curie und der Eigenmächtigkeit der deutschen Bischöfe zu steuern. Conrad von Salzburg, dessen Anschluss dem Könige so wichtig war, dass er ihm jede Concession machte, unter anderem den Lehns- und Treueid erliess, fuhr nur fort, das Wormser Concordat bei der Wahl und Weihe seiner Suffraganen nach dem uns bekannten Programm zu ignoriren: die Wahl fand meist so unmittelbar nach der Erledigung des betreffenden Stiftes Statt, dass es dem Könige unmöglich gemacht war, dabei anwesend und von Einfluss zu sein; und die Weihe ertheilte Conrad durchweg vor der Einholung der weltli-

---

42) vgl. Giesebrecht, Gesch. d. deutsch. Kaiserzeit IV, 132.
43) vgl. Giesebrecht a. a. O. 170.
44) Forschungen z. Gesch. des Wormser Concordates. Erster Theil: Die Bischofswahlen unter Konrad III, Göttingen 1877.

chen Investitur [45]). Auch die sächsischen Prälaten kümmerten sich um den König und das Concordat wenig, und nur in seinem speciellen Machtbereich hielt König Conrad die Rechte des Wormser Concordates einigermassen aufrecht [46]). Doch selbst da nur einigermassen. Denn auch die Curie setzte sich nun erst erfolgreich über das Concordat hinweg, indem sie die zwistigen Wahlen als den schwachen Punkt des Concordates erkannte und angriff. Von Innocenz ist uns nur ein, der unlauteren Quelle wegen nicht ganz sicherer, Fall bekannt, der sich bei der streitigen Wahl zu Constanz abspielte [47]), doch seine Gesinnung kennen wir aus dem Verhalten gegen Lothar in Trier und Rom [48]) und aus dem Vorgehen in Frankreich bei der zwistigen Wahl zu Bourges [49]), wo er ganz ebenso absolutistisch handelte, wie in dem Trierer Fall.

Bald sprach man in Rom schon unverholen aus, dass das Concordat und dessen Rechte nur aus augenblicklicher Nachsicht Heinrich V. persönlich gewährt seien, dass dieselben dessen Nachfolgern nicht zuständen [50]); und Papst Eugen, der bald auf Innocenz folgte, begann consequent darnach zu verfahren. Sein Aufenthalt diesseits der Alpen während des zweiten Kreuzzuges und seine Stellung zum Reiche in der Abwesenheit des Königs boten ihm dazu reiche Gelegenheit. Mit besonderem Nachdruck griff er bei den zwistigen Wahlen der Reichsabteien ein, was um so gewichtiger war, da die Abteien noch mehr als die Bisthümer dem königlichen Einfluss unterworfen galten [51]). Und als Conrad vom Kreuzzuge zurückgekehrt war, trat er solchen Uebergriffen nicht mit Energie entgegen. Witte hatte an mehreren Fällen recht augenscheinlich gezeigt, wie der König nicht die Festigkeit

---

[45]) vgl. Witte a. a. O. S. 42. — Die Urkunde vom 22. März 1139, worin die Wahl des Salzburger Erzbischofs dem Domcapitel nebst dem Abt des St. Petersstiftes allein anheim gegeben wird (bei Meiller, Regesta archiepiscoporum Salisburg. No. 210), sowie deren Bestätigung durch Papst Eugen (bei Jaffé, Regesta pontif. Rom. No. 6480) sind nach Meiller a. a. O. S. 437 unecht; Schmidt a. a O. S. 59 nahm diese Urkunden noch für echt.
[46]) vgl. Witte a. a. O. S. 43 Note 1.
[47]) vgl. Witte S. 28 ff.
[48]) vgl. Lothar III. u. d. Wormser Concordat S. 29, 42, 45.
[49]) s. Chronicon Mauriniacense bei Duchesne, SS. Hist. Franc. IV, S. 386.
[50]) Hoc (scil. pactum Wormatiense) pro bono pacis sibi (scil. Heinrico V) soli et non successoribus datum dicunt Romani, bei Otto von Freising, Chron. M. G. SS. XX 256, 18.
[51]) s. Waitz V. G. VII, 189.

besass, das Recht des Wormser Concordates dem Papste gegenüber geltend zu machen, wenn dieser die Entscheidung zwistiger Wahlen an sich zog, anstatt nach dem Concordat dieselbe dem Könige und dem Metropoliten nebst Provincialen zu überlassen; wie Conrad mehrfach aus eigener Initiative die Bestätigung des Papstes nachsuchte, um einer Verwerfung vorzubeugen; wie er bald ängstlich dem Wortlaut des Concordates nachzuachten schien[52]), bald auch die weltlichen Fürsten mit zur Entscheidung heranzog[53]), dann aber wieder dem Papste gegenüber zu bemänteln suchte, dass er nach der Bestimmung das Concordates bereits entschieden oder überhaupt nur vor der Weihe die Investitur ertheilt habe[54]) — Alles, um nur keinen Anstoss zu geben.

Unter diesen Umständen wird es uns nicht wundern, wenn man das Ansehen der Regierung in diesen Angelegenheiten immer geringer achtete, deren Einfluss immer mehr hintenan setzte: so wurde nach Erzbischof Conrad's Tode in Salzburg 1147 ganz nach dem dort nun schon zur Gewohnheit gewordenen Programm Eberhard zum Nachfolger gewählt und geweiht ohne jede Rücksicht auf den König, der sich obenein in der Nähe, in Bayern befand[55]); so wagten es bei dem Wahlstreite in Utrecht die Anhänger des einen Candidaten dem Könige in's Gesicht zu sagen, diese Sache gehöre als geistliche vor den geistlichen Richter, vor den heiligen Vater, dem weltlich gegürteten Richter könnten sie nicht Rede stehen[56]). Es reichten sich Papst und deutsche Kleriker so die Hand, um die theuer errungenen Regierungsrechte des Königs, die Rechte des Wormser Concordates zu vernichten.

Diese Skizzirung der Schicksale des Wormser Concordates unter Conrad III., die bis auf wenige Züge ganz der Arbeit Witte's zu entlehnen war, konnte hier wohl nicht umgangen werden, damit die völlig veränderte Haltung und Politik Friedrich's I. richtig hervortrete.

---

52) s. Jaffé bibl. I 349 in Epist. 230 u. ibid. 350 in Ep. 231, vgl. Witte a. a. O. S. 65 Note 3.
53) s. Jaffé bibl. I 372 in Ep. 250; ibid. 454 in Ep. 324, vgl. Witte a. a. O. S. 75.
54) vgl. Witte a. a. O., namentlich S. 62 ff.
55) Witte a. a. O. S. 37—38; Schmidt a. a. O. S. 7 bemerkt schon die Absichtlichkeit dieses Wahlverfahrens.
56) s. Witte a. a. O. S. 71 ff.

Man empfand am Ende von Conrad's Herrschaft schwer, wie tief die Autorität der Regierung gesunken war, am schwersten in den Kreisen der Reichsprälaten, deren Diöcesen durch Fehden verheert wurden, deren Hab und Gut der Raublust benachbarter fürstlicher Herren Preis gegeben war [57]). Wohl konnte unter solchen Verhältnissen ein tiefdenkender Mann wie Otto von Freising der schwermüthigen Betrachtung nachhängen, ob nicht am Ende doch diejenigen Recht hätten, die da meinten, es sei Gottes Wille, dass das Königthum sinke, damit die Kirche erhöht werde [58]). Doch hatte anderseits der Umstand, dass Conrad dem Schalten des Papstes im Reiche so freien Spielraum gelassen, gerade dazu gedient, die bedenklichen Folgen curialer Uebermacht recht hervortreten zu lassen, und es mehrte sich die Zahl derer, die mit schmerzlichem Unmuth wenn nicht die Einbusse des Königthums doch die masslose Machtentfaltung der römischen Kirche betrachteten. Das rücksichtslose Auftreten Eugen's in Deutschland hatte mehr als einen der hohen Prälaten aufs empfindlichste verletzt [59]); das Scheitern des grossen Kreuzzuges verfehlte eines starken Rückschlages auf die allgemeine Stimmung nicht und forderte zum Nachdenken über die kirchlichen Zustände auf; allgemein regte sich Opposition gegen das Ueberhandnehmen der Appellationen und des Legatenwesens, das alle Disciplin untergrub; in dieser Zeit, um 1152, sandte Bernhard von Clairvaux, der einflussreichste Mann in Europa neben dem Papste, an diesen seinen früheren Schüler Eugen, die fünf Bücher de consideratione, wo er in denkwürdigen Worten, die wunderbar beredt aus tief leidenschaftlicher Sorge um das Heil der Kirche hervorquillen, das eingerissene Unwesen schildert, vor der drohenden Verweltlichung warnt und dem Papste das prophetische Wort zuruft: nullum tibi venenum, nullum gladium plus formido quam libidinem dominandi [60])!

In solche Stimmung fiel der Regierungsantritt Friedrich's I. Die frische Macht seiner energischen Persönlichkeit weckte nun die schlummernden Sympathien für das Königthum jäh und freudig

---

[57]) s. Otto von Freising Chron. M. G. SS. XX 266, 39 ff.

[58]) M. G. SS. XX 248, 9.

[59]) vgl. Giesebrecht, Gesch. d. deutsch. Kaiserzeit IV, 314; und im Allgem. J. Ellendorf, Der heilige Bernhard von Clairvaux und die Hierarchie seiner Zeit.

[60]) De consideratione lb. 5. III cap. 1 in opp. ed. Mabillon I, 426.

auf, und es begreift sich, dass der neue König, der die weltlichen Fürsten endlich zu befrieden wusste, auch die Mehrzahl des deutschen Reichsklerus auf seiner hoffnungsvollen Bahn mit sich fortriss, wenn gleich dieselbe bald gegen die Curie führen sollte.

Am tiefsten lag das königliche Ansehen auf kirchenpolitischem Gebiete darnieder: noch zuletzt hatte sich das ja bei'm Utrechter Wahlzwist in krasser Weise gezeigt [61]); denn dem Könige sagen, wie es da geschehen war, die Entscheidung der Fehde gehöre ganz und gar vor geistliches Gericht, hiess dem Staatshaupte die Competenz in einer der wichtigsten Reichsangelegenheiten absprechen, hiess demselben sein eigenstes, uraltes Recht des Friedewirkens im Reiche entwinden und dasselbe dem Papste und dessen Legaten anheimgeben. Hier musste Halt geboten werden, hier einzugreifen schien Friedrich's nächste Aufgabe. In der That war es eine seiner ersten Regierungshandlungen, jene Utrechter Wähler wegen Majestätsbeleidigung zu strafen [62]); dann gab die Erledigung des Magdeburger Erzstuhles sogleich Gelegenheit, weiter in dieser Frage Stellung zu nehmen.

Wir wissen, dass Friedrich von dem Ideal des römischen Imperatorenthums erfüllt war, welches er sich als schützende Macht über der Kirche waltend dachte, aber wenn er sich gleich auf diesen extremsten Standpunkt gestellt hätte, so würde er sich sofort in den alten unabsehbaren Principienkampf mit der Curie gestürzt und sich viele seiner Anhänger unter den weltlichen Fürsten und im deutschen Klerus entfremdet haben. Die Politik Friedrich's in diesen ersten Jahren war extremen Schritten abgeneigt [63]), und so stellte er seine innere Kircherpolitik auf die einzige Basis, die es für eine friedliche und doch starke Haltung des Königthums gegenüber der Curie und namentlich gegenüber dem Episkopate gab, das Wormser Concordat. Aber in welcher Weise?

Otto von Freising berichtet uns darüber; wir müssen auf dessen oben schon erwähnten Bericht hier näher eingehen. Fassen wir die Angaben Otto's [64]) über den Inhalt des Wormser Concorda-

---

[61]) s. oben S. 53.
[62]) M. G. SS. XX 392, 17.
[63]) vgl. Prutz, Kaiser Friedrich I., I. 35 ff.
[64]) an den oben S. 30 angeführten Stellen der Chronik und der Gesta; über die Berechtigung, beide Stellen zusammenzufassen, s. unten Note 81.

tes zusammen, so ergiebt sich folgendes Schema der Wahl und Investitur:

1) Wahl. Bei zwistigen Wahlen in arbitrio principis esse, quemcunque voluerit ex primatum suorum consilio ponere
2) Weltliche Investitur mit den Regalien mittels des Scepters und zwar gleichermassen bei den electi tam cisalpini quam transalpini.
3) Weihe.

Wir sehen mit einem Blick, dass dieses Schema dem authentischen Inhalt des Concordates nicht entspricht, sondern in zwei Punkten davon abweicht: erstens ist die wichtige Clausel metropolitani et comprovincialium consilio vel judicio weggefallen, und es ist gerade das, was im Concordat durch diese Clausel verhindert werden sollte [65]), das arbitrium principis und das königliche Hofgericht an die Stelle getreten; zweitens ist die Begünstigung der transalpinischen Bischöfe hinweggeräumt und der im Concordat bei den deutschen Bischöfen statuirte Modus, die Ertheilung der Investitur vor der Weihe, auch auf die transalpinischen ausgedehnt.

Vergleichen wir diese Bestimmungen, die Otto von Freising als Inhalt des Concordates angiebt, mit der Praxis König Friedrich's, so ergiebt sich, dass beides sich durchaus entspricht und dass ein Irrthum auf beiden Seiten nicht vorliegen kann.

Erstens stellte Friedrich den Clerus von Italien und Burgund wirklich in gleiche Linie mit dem von Deutschland: er forderte, was bis dahin nicht geschehen war, von dem Clerus beider romanischen Länder ausser dem Treueid die Leistung des Hominium's [66]). Und zwar that er das in natürlicher Folge seiner politischen Bestrebungen. Wenn nämlich die im Concordat bedungene Ausnahmestellung der transalpinischen Prälaten soviel bedeutete, wie eine Loslösung derselben von der deutschen Regierungsgewalt [67]), so war es eine nothwendige Consequenz, dass Friedrich, dessen

---

[65]) s. oben S. 26.

[66]) Gesta Friderici M. G. SS. XX 423, 12 bei der Besitzergreifung Burgunds: denique, quod modo viventium excedit memoriam hominum aliquando contigisse, Stephanus Viennensis archiepiscopus etc. Friderico fidelitatem fecerunt atque hominium; ibid. 461, 50 unter den Beschwerden Papst Hadrian's wegen Friedrich's Auftreten in Italien: episcopos Italiae solum sacramentum fidelitatis sine hominio facere debere domno imperatori, vgl. ibid. 462, 22.

[67]) s. oben S. .25

ganze Politik dahin ging, Italien und Burgund wieder fost an's
Reich zu ziehen, jene Ausnahmestellung zu beseitigen strebte.
Und was zweitens die Clausel wegen der zwistigen Wahlen be-
trifft, so erfahren wir von Otto von Freising selbst, dass Friedrich
nicht nur bei dem Magdeburger Wahlstreit im Jahr 1152 gerade
so verfahren ist [68]), sondern auch bei dem Cölner im Jahre 1156 [69]):
er behandelte diese Angelegenheiten durchaus als zur Competenz
des weltlichen, königlichen Gerichtes gehörig, in Uebereinstimmung
mit seinem Urtheil in Utrecht, wo er die Bestreitung dieser Competenz als Majestätsverletzung geahndet hatte. In der That, wollte
Friedrich solchen Uebergriffen der Curie, wie sie sich unter Conrad III. eingeschlichen hatten, vorbeugen, so konnte er die Clausel des Concordates metropolitani et comprovincialium consilio vel
judicio nicht gelten lassen, denn hierdurch war in Wahlstreitig-
keiten ja dem geistlichen Forum die Entscheidung zugewiesen,
und das hiess seit der Durchbrechung der Metropolitanverfassung,
wie sich deutlich genug unter Conrad III. herausgestellt hatte,
soviel wie päpstlicher Entscheidung. Also ist auch dieser Punkt,
in welchem die Praxis des Königs vom Wormser Concordat abwich,
eine nothwendige Consequenz seiner Politik, und es ergiebt sich,
dass Friedrich, der wegen seiner gesammten Stellung einer Berufung auf das Wormser Concordat nicht entbehren konnte, wichtigen Einzelbestimmungen desselben Gewalt anthat, um diese seinen
besonderen politischen Zwecken anzupassen.

Eine Vergleichung mit den früher skizzirten Parteiprogrammen
verdeutlicht das noch mehr. Da erscheint die Beseitigung der
Clausel metropolitani etc. als Analogon zur Praxis Heinrich's V.
in St. Gallen und zu dem Concordatstext im Codex Udalrici; die
Ausdehnung des deutschen Modus auf die transalpinischen Prüla-
ten als ein Gegenzug gegen jenen Versuch der kirchlichen Partei,
der im Wahlpakt der Narratio vorlag und in Salzburg bereits zu
gewohnheitsmässiger Uebung gediehen war, die Begünstigung des
transalpinischen Clerus auch auf den deutschen auszudehnen.

Wenn demnach Friedrich, wenn sein Hofgericht solche ab-
weichende Praxis auf das Wormser Concordat begründete, so ist
das kein zufälliger Irrthum, sondern die bewusste Vertretung eines Parteistandpunktes zur Durchführung eines bestimmten politi-

---

[68]) M. G. SS. XX 392, 33 ff. u. 394, 42; vgl. oben S. 31.
[69]) ibid. 415, 1 und 22.

schen Programms, und was Otto von Freising als Inhalt des Concordates angiebt, ist nur die richtige Wiedergabe dieses Programms.

Angesichts dieses Sachverhaltes drängt sich uns nun aber lebhaft die Frage auf: wie konnte ein Otto von Freisig das als wahren Inhalt des Concordates angeben? Wir müssen da Otto's ganze Persönlichkeit und Stellung in's Auge fassen.

Er war Suffragan des Salzburger Erzbischofs Conrad, der in seiner ganzen Provinz consequent das Wormser Concordat ignorirte, indem er, wie wir sahen, seinen Suffraganen die Weihe vor der Investitur ertheilte. Ja, wir wissen durch eine glückliche Notiz, dass Otto selbst diesen Modus mitgemacht hat, indem er am 11. Mai 1147 nach Erzbischof Conrad's Tode dem Nachfolger desselben, Eberhard, die Weihe ertheilte, ehe die königliche Investitur eingeholt war [70]).

Doch lässt sich zeigen, dass dieses völlige Lossagen von königlicher Autorität nicht der eigenen persönlichen Richtung Otto's entsprach.

Er gehörte vielmehr zu den Charakteren, welche, wie einst die Führer der Vermittlungspartei, Otto von Bamberg, Norbert von Magdeburg und jetzt deren Nachfolger Eberhard und Wichmann, in dem innigen Zusammengehen von Regnum und Sacerdotium das Heil der Kirche und des Reichs erblickten. Der Ausspruch seines Schülers Ragewin ist ganz im Sinne, wenn nicht in den eigenen Worten Otto's geschrieben: nobis autem indulgentiam petimus, qui potius utramque personam, sacerdotalem scilicet et regalem, reverentia debita veneramur, quam temere de altera judicare praesumamus [71]), und wir können seine Ansicht über das Verhältniss von Kirche und Staat deutlich im Einzelnen durch seine Schriften verfolgen. Als Ursache des grossen Kampfes zwischen Heinrich IV. und dem Papstthum betrachtet er gleichmässig in seiner Chronik [72]) wie in den Gesta [73]) den Umstand, dass

---

[70]) Meiller, Regesta archiep. Salisburg. S. 57 und 449.

[71]) M. G. SS. XX 425, 24; vgl. auch B. Huber, Otto von Freising, sein Charakter, seine Weltanschauung, sein Verhältniss zu seiner Zeit S. 147.

[72]) M. G. SS. XX 216, 18: ex hinc scisma gravissimum, eo quod absque consensu regis per electionem constitutus fuerat, oritur.

[73]) ibid. 353, 4: ubi (scil. in curia Brixinensi) omnibus advenientibus injurias sibi a Romana ecclesia irrogatas affectuose conqueritur (scil. Hein-

Gregor VII. sich ohne den Consens des Königs habe weihen lassen, und er sieht dieses offenbar als Verstoss gegen das gute Recht des Königs an, also billigt er die königliche Bestätigung der geistlichen Wahlen. Er tadelt ferner in jener berühmten Stelle der Chronik [74]) die Prälaten, welche das Königthum mit dessen eigenen von demselben geliehenen Waffen verwunden, — also billigt er das Verfügungsrecht des Königs über die Regalien. Höchst bezeichnend für seine Stellung sind auch die Schilderungen des Utrechter und des Magdeburger Wahlstreites bei ihm: dort [75]) verschweigt er die Schlappe, die das königliche Ansehen durch den ungehörigen Eingriff des Papstes erlitt, hier [76]) vertuscht er möglichst die Uebergriffe, die sich der König erlaubte. Nur die Schwäche der Regierung unter Conrad III. bringt ihn in Zweifel, ob die Erniedrigung des Regnum nicht doch am Ende Gottes Wille sei, und er macht die königsfeindliche Politik, die allmählig im Salzburger Sprengel Gewohnheit geworden, ohne Widerspruch mit. Doch da nun Friedrich als Restaurator der Reichsgewalt auftritt, fühlt Otto sich voll Zuversicht in seines Herzens ursprünglicher Meinung bestärkt [77]) — nirgendwo können wir die unmittelbare hinreissende Wirkung von Friedrich's Regentenpersönlichkeit wohl so unmittelbar empfinden, wie wenn wir Otto's Chronik und Gesta Friderici nach einander lesen —, und mit Entschiedenheit schliesst er sich der Politik des neuen Königs an.

Nun scheute er sich nicht, dieselbe zu vertreten und zu vertheidigen [78]), weder der Curie gegenüber noch da, wo der König in Gegensatz zu Otto's eigenem früheren Verhalten und zu der kirchenpolitischen Haltung des Freisinger Metropoliten trat, — in Salzburg. Denn da nun die Zeit willkürlicher Uebergriffe seitens

---

ricus IV), quod videlicet ipso inconsulto, qui tanquam rex et patricius primus in electione suae urbis episcopi esse deberet, Romani sibi pontificem praefecissent, cum a patre suo imperatore plures ibidem quasi sino electione intronizati fuerint.

74[ibid. 248, 14 : videntur tamen per omnia culpandi sacerdotes, qui regnum suo gladio, quem ipsi ex regum habent gratia, ferire conantur.

75) ibid. 3-8, 10 ff: und 389, 12 ff.; vgl. Witte a. a. O. S. 78 Note 3.

76) ibid. 392, 33 ff.; vgl. Grotefend, Der Werth der Gesta Friderici imperatoris, S. 37 ff.

77) vgl. Grotefend a. a. O. S. 11—12.

78) Otto ist Mitunterzeichner des Rechtfertigungsschreibens an Papst Eugen, wie aus dessen Antwort ersichtlich: M. G. SS. XX 393, 35; vgl. oben S. 32.

des Clerus vorüber war, kam auch die Stunde, wo der concordatsfeindlichen Haltung des Salzburgers ein Ende gemacht wurde. Während nämlich der König in Italien weilte, hatte Erzbischof Eberhard seinen Suffragan, Hartwich von Regensburg, nach bekannter Weise erheben lassen und geweiht, ehe die Investitur erfolgt war [79]); jetzt, im October 1155, erschien Friedrich mit der Strenge des Richters in Regensburg. Geschickter Weise vermied er es, den hochangesehenen Erzbischof Eberhard wegen der vollzogenen Consecration, immerhin einer geistlichen Sache, zur Rechenschaft zu ziehen; er hielt sich an das Factum der versäumten Investitur und strafte den Bischof Hartwich wegen dessen Verfügung über Regalien, ehe er durch die Investitur das Recht dazu erhalten habe. Auch Otto vermeidet in seinem Berichte hierüber, offenbar aus Rücksicht für seinen Metropoliten, den Verstoss desselben hervorzuheben und betont nur den daraus folgenden des Bischofs, indem er auch diesen seinen speciellen Amtsbruder noch mit Unwissenheit entschuldigt; schonend stellt er dem herkömmlichen Verfahren in Salzburg die „rationes curiae" gegenüber.

Doch kann angesichts dieses so scharf zugespitzten Conflictes nicht der geringste Zweifel sein, dass Otto wusste, dass und worin die Praxis des Königs in Bezug auf das Concordat von der in Salzburg bisher geübten abwich. Und was er bei Erzählung dieses Conflictes aus persönlichen Rücksichten scharf auszusprechen vermied, sagte er unumwunden in seiner Chronik.

Denn kaum ein Jahr nach diesem Regensburger Vorfalle übersandte er ja dem Könige diese Chronik [80]), worin er als Hauptinhalt des Concordates gerade den Punkt angiebt, der den Conflict im Salzburger Sprengel hervorgerufen [81]); die Ausdrucksweise:

---

[79]) M. G. SS. XX 411. 29 ff.: impetitur ibi Hardewicus, qui noviter per electionem cleri et populi et metropolitani sui consecrationem pontificatum ejusdem civitatis acceperat. Regalia siquidem, quae juxta rationes curiae nulli episcoporum militi, antequam de manu principis suscipiantur, tradere licet, ipse hujus rei nescius impraemeditate, morante adhuc in Italia principe, tradiderat, ob ea in causa positus, dum et factum infitiari qualitatemve facti defendere nequit, compositionis incurrit noxam.

[80]) s. Wilmans' Einleitung zu seiner Edition M. G. SS. XX 92, 1.

[81]) Wie Wilmans a. a. O. 101, 10 bemerkt, gehen alle vorhandenen Codices der Chronik auf diese zweite Ausgabe vom Jahre 1156 zurück, die erste Ausgabe vom Jahre 1147 besitzen wir nicht. Zwar hat Otto im grossen Ganzen sein Werk bei der zweiten Redaction unverändert gelassen, aber dass er hier und da Einschaltungen gemacht hat, wissen wir (s. Wil-

ut electi . . . . . non prius ordinentur, quam regalia de manu ejus (scil. imperatoris) per sceptrum suscipiant [82], erscheint geradezu durch den Hinblick auf jene entgegengesetzte Praxis des Salzburgers bedingt.

Und nicht minder zeigt dort die ausdrückliche Hervorhebung electi tam cisalpini, quam transalpini, dass Otto wusste, um was es sich handelte, wenn Friedrich den deutschen Modus der vorgängigen Investitur auch auf Italien und Burgund ausdehnte.

Noch deutlicher aber verräth die Art, wie Otto in den Gesta [83] die Handhabung des Königs bei zwistigen Wahlen auf das Concordat zurückführt, dass er von anderem Inhalt des Concordates und von sonst anderer Handhabung speciell dieses Punktes wohl wusste: „tradit enim curia et ab ecclesia sibi concessum antumnat" sagt er mit deutlichem Durchklingen eines gewissen Zweifels.

Eine harmlose Unwissenheit unseres Schriftstellers betreffs der Concordatsfragen anzunehmen, ist nach alledem nicht wohl möglich, und es löst sich so das schwere Bedenken, das uns mit einer Versuchung zu kritischer Skepsis beschleichen will, wenn wir annehmen müssten, dass der erste Historiker des Mittelalters in einer der brennendsten Fragen des Tages, worin er selbst als Staatsmann mitgesprochen und gehandelt hat, völlig im Unklaren gewesen sein sollte. Freilich wäre es mindestens ebenso bedenklich, wenn wir nun Otto von Freising wissentlicher Fälschung beschuldigen müssten. Das brauchen wir indess nicht.

Wir haben nämlich früher gesehen, dass die verschiedenen durch den Parteistandpunkt bedingten Handhabungen des Concordates nicht nur als gewohnheitsrechtliche Uebung sich geltend machten, sondern dass auch versucht wurde, denselben den Halt formalen Rechtes durch urkundliche Fixirung zu geben, sei es geradezu als Fälschung, wie in dem Text des Codex Udalrici und des Codex 2, sei es als Parteiprogramm, das man einseitig fest-

---

mans a. a. O. 92 Note 14). Wir können somit die Stelle über das Wormser Concordat nur als im Jahre 1156 geschrieben ansehen, denn wir wissen nicht, ob dieselbe in der ersten Ausgabe gestanden hat; ja es ist dies sogar höchst unwahrscheinlich, wenn wir uns erinnern, dass Otto in demselben Jahre 1147 seine Chronik zum ersten Mal edirte, da er den Erzbischof Eberhard vor Empfang der Investitur weihte, also im strictesten Widerspruch mit dem, was er in jener Stelle als Recht hinstellte, gehandelt hätte; vgl. oben Note 70.

[82] M. G. SS. XX 256, 17.
[83] ibid. 393, 40.

hielt, wie den Wahlpakt der Narratio de electione Lotharii. Jene Fälschung des Codex Udalrici entsprach der Praxis Heinrich's V., das Programm der Narratio, respective jene Fälschung im Codex 2 der Praxis der Erzbischöfe von Salzburg; und so ist es doch nicht mehr als wahrscheinlich, dass auch die Praxis Friedrich's I. sich auf eine ähnliche, urkundlich entstellte Vorlage zu begründen suchte. Man brauchte da in der That nur auf den Text aus Heinrich's V. Zeit zurückzugreifen, wie er uns im Codex Udalrici vorliegt [81]); brauchte etwa nur noch das eine Wort consecratus fortzulassen, so war das erreicht, was Friedrich seiner ganzen Stellung nach mit dem Concordat erreichen wollte. Wie dem auch sei: ob man am Hofe die gefälschte Auffassung des Concordates auf einen gefälschten Text begründete oder sich mit dem Citat aus der Luft begnügte, — wir haben nicht nöthig anzunehmen, dass Otto von Freising seine Sätze über das Concordat mit dem Bewusstsein zu fälschen niedergeschrieben habe; er befand sich vielmehr dem Text des Concordates gegenüber in der Lage, die ich früher als die eines mittelalterlichen Schriftstellers und Staatsmannes in solchen Dingen überhaupt bezeichnete [81]): nicht im Stande, kritisch zu entscheiden, acceptirte er die Fassung als echte, die seiner politischen Parteistellung entsprach.

So würden sich also die Angaben Otto's von Freising und die Praxis Friedrich's I. gegenseitig erklären und bestätigen; es ergiebt sich darnach, dass auch unter Friedrich die Handhabung des Wormser Concordates von der Gesammtpolitik des Königs und dessen Stellung zu den kirchlichen Parteien bedingt war, und dass die Anhänger des Königs, selbst ein Otto von Freising bereit waren, als Inhalt der Vertragsurkunde das gelten zu lassen, was die augenblickliche Lage für wünschenswerth oder nothwendig erscheinen liess.

Nur eins könnte man noch einwenden: die Curie hatte doch authentische Copien des Concordates, warum trat sie nicht damit gegen Friedrich hervor? Nach dem, was wir von der Haltung der Curie gegen das Concordat erfahren haben, wird es uns freilich nicht wundern, dass sie das nicht that. Für sie existirte das Concordat längst nicht mehr; sowohl Papst Eugen wie Hadrian hüteten sich in ihren Schreiben an die deutsche Regierung sehr, des Concordates irgend Erwähnung zu thun, damit sie dasselbe

---

[81]) s. oben S. 40.

nicht als zu Rechte bestehend anerkennten ⁶⁵). Man machte es in diesem Falle mit dem Concordat gerade so wie mit dem Wahldecret von 1059: „die Fälschungen liessen sich nur enthüllen, wenn man mit dem echten Decret hervortrat, und dazu hatte man keine Neigung", weil man bereits darüber hinausgehende Forderungen stellte ⁶⁶).

Das Jahr 1159 sah ja bereits den lange nur hingehaltenen Ausbruch des alten Principenkampfes zwischen Regnum und Sacerdotium von Neuem, und wie einst unter Heinrich IV. und V. gingen die Streitigkeiten um Wahl und Investitur nun wieder in jenem grösseren Streite auf, um sich mit diesem zu entscheiden.

Wir stehen sonach an der Grenze dieser Untersuchung. Wenn wir die Ergebnisse derselben noch einmal im Zusammenhange überblicken, so sehen wir ein eigenthümliches Schauspiel vor uns.

Unsere Könige halten im Allgemeinen an dem Wormser Concordat fest, aber nicht mit der continuirlichen Consequenz, welche ein Regierungsprincip verlangt: keiner handhabt dasselbe wie der andere, ein Jeder nach seiner augenblicklichen politischen Lage und Tendenz. Heinrich V. mit seiner autokratischen Natur, gehoben von der Gunst des wiederhergestellten Friedens, nimmt die Entscheidung der geistlichen Wahlen wider Sinn und Wortlaut des Concordates für das königliche Forum in Anspruch. Bei seinem Tode versucht eine hierarchische Partei bei der Wahl des neuen Königs die Beseitigung des Vertrages, doch es gelingt ihr nicht, weil an der Curie und im Reiche eine friedliche Vermittlungspartei die Oberhand hat. Lothar III., der sich auf diese stützt, sieht sich auf die möglichst stricte Durchführung des Concordates angewiesen. Nach ihm wird mit seinem Schwiegersohne Heinrich dem Stolzen sein Regierungssystem beseitigt und es gewinnt die hierarchische Richtung die Oberhand, da jetzt auch die Curie mit derselben im Einvernehmen ist. Conrad III., der sich den hierarchischen Mächten, denen er seine Erhebung verdankt, nicht zu entziehen weiss, vermag daher nicht das Wormser Concordat consequent durchzuführen und festzuhalten — nur vereinzelt hat er die Macht dazu und er wagt nicht, sich gegenüber

---

⁶⁵) Das tritt besonders auffällig in dem Briefe Eugen's wegen des Magdeburger Wahlzwistes hervor, s. M. G. SS. XX 394, 21 ff.; vgl. oben S. 32.

⁶⁶) vgl. Giesebrecht, Gesetzgebg der röm. Kirche a. a. O. S. 173.

den Eingriffen des Papstes auf den Vertrag zu berufen. Die Schwäche seiner Regierung und die allzu grosse Anmassung der Curie bringen dann eine Reaction hervor: Friedrich I., unterstützt von dem deutschen Episkopat, greift auf die autokratischen Ideen Heinrich's V. zurück und darüber hinaus, indem er den vollen Einfluss der deutschen Regierung auch auf den Clerus jenseits der Alpen zu erstrecken sucht. Willig aber begleiten die verschiedenen Parteikämpfe um das Concordat verschiedene Fälschungen der Urkunde Calixt's.

Ganz anders die Curie: so lange die Verhältnisse es erfordern, lässt sie die Könige gewähren; aber dann existirt das Concordat nicht mehr für sie. Mit ruhiger Consequenz ignorirt ein Papst wie der andere principiell das Vorhandensein eines solchen Vertrages, bis andere, höhere Fragen die Bedeutung desselben überbieten.

So zeigt sich der unverbrüchlichen Continuität päpstlicher Handlungsweise gegenüber die unzusammenhängende Politik unseres Königthums, welche von Herrscher zu Herrscher je nach den bei der Wahl siegenden Parteirichtungen wechselt, in ihrem ganzen unheilvollen Wesen; und es enthüllt die Geschichte des Wormser Concordates so einen Theil der tragischen Schuld, durch welche unser Königthum im Kampf mit dem Papstthum unterlegen und unser mittelalterliches Staatswesen zu Grunde gegangen ist.

Excurs

zu S. 32 und 38 ff.

Bei der Wichtigkeit, welche der Wahlzwist in St. Gallen und dessen Entscheidung durch Heinrich V. für unsere Untersuchung hat, scheint es nicht unnöthig, den Zeitpunkt dieses Ereignisses festzustellen, da sich aus der Erzählung in den Casus Scti Galli M. G. SS. II 160 unmittelbar nur ergiebt, dass dasselbe nach dem Tode des Abtes Udalricus — dieser starb am 11 Dec. 1121, s. De Rubeis, Monumenta eccles. Aquilejensis S. 658 — Statt fand. Dass diess jedoch erst nach dem Wormser Concordatsschluss, nach dem 23. Sept. 1122, war, worauf für uns Alles ankommt, folgt mit Sicherheit daraus, dass Conrad, der Herzog von Zähringen, es ist, der die Wahl des einen Candidaten unterstützt und mit 600 Rittern St. Gallen und Umgegend für denselben unterwirft (s. M. G. a. a. O. Z 39 ff.); denn Conrad wurde erst nach dem Abschluss des Concordates Herzog, da sein Bruder und Vorgänger Berthold III. erst nachdem starb. Berthold unterzeichnete noch das Wormser Concordat als einer der mitberathenden Fürsten, sein Name steht in dem Abdruck der Orginalurkunde des Vatikan bei A. Theiner, Cod. dipl. domin. temporal. S. Sedis I, 12, sowie in den Codices bei Pertz M. G. LL. II, 76, und dass derselbe in der auch sonst abweichenden Zeugenreihe bei Wilhelm von Malmesbury M. G. SS. X, 483 fehlt, ist dagegen irrelevant; zweitens aber findet sich Berthold als Handlungszeuge der gleichzeitig mit dem Concordat vollzogenen Tradition Kappenberg'scher Besitzungen in der Orginalurkunde bei Erhard, Cod. dipl. hist. Westphal. S. 152 (Pertolfus dux et frater ejus Cônradus), vgl. Giesebrecht, Gesch. d. deutsch. Kaiserzeit III., 4. Aufl. S. 1224 und Scheffer-Boichorst, Annales Patherbrunnenses S. 196. Wir haben also zwei von einander unabhängige und sich unterstützende Zeugnisse, welche durch die Erörterungen Fickher's in seinen Beiträgen zur Urkundenlehre nicht berührt werden, so dass es ganz sicher steht, dass Berthold erst nach dem Sept. 1122 gestorben und sein Bruder ihm dann in der Herzogswürde gefolgt ist. Das Datum, welches Stälin, Würtemberg, Gesch. II, 284 als Todestag Berthold's combinirt, ist demnach nicht richtig, vgl. Giesebrecht a. a. O. 1225. Ebenso sind Angaben in neueren Werken, welche die betreffende Wahl in die Jahre 1117/19 verlegen, selbstverständlich unrichtig: dieselben sind anscheinend dadurch entstanden, dass man von den später unten in den Casus Scti. Galli folgenden Daten (M. G. a. a. O. 162, 4 ff) zurück rechnete, was in diesem Falle um so unzulässiger ist, da dieser spätere Theil der Casus von anderen Verfassern herrührt, als der, worin die uns angehenden Ereignisse berichtet sind, vgl. Forschgen z. deutsch. Gesch. XIV, 177. — Die Entscheidung des Königs dürfte aber eher in das Jahr 1123 als noch in das Ende des Jahres 1122 zu setzen sein, wenn man die mannigfachen Ereignisse, welche in die Zeit von der Wahl Manegold's (nach dem Bekanntwerden des Todes vom Abt Udalricus, der zugleich Patriarch von Aquileja, fern von St. Gallen wie oben erwähnt am 11. Dec. 1121 starb), bis zur Anrufung des königlichen Urtheils durch Herzog Conrad fallen (s. M. G. a. a. O. Z. 33 ff.), erwägt.

Inhalt.

Vorwort.

I. Die Wahl- und Investiturtheorien und die Programme der verschiedenen Parteien . . . . S. 1

    Ivo von Chartres S. 12. — Tractatus de investitura episcoporum S. 14. — Hugo von Fleury S. 16. — Gottfried von Vendôme S. 17. — Disputatio S. 18. — Placidus von Nonantula S. 19.

II. Das Wormser Concordat, dessen Auffassung und authentischer Text . . . . S. 23

III. Die verschiedene Handhabung des Wormser Concordates und Fälschungen desselben . . . . S. 37

    Heinrich V. und der Text des Codex Udalrici S. 38. — Lothar III. und der Wahlpakt der Narratio S. 42. — Verhalten der Salzburger Erzbischöfe S. 45, 51, 60. — Conrad III. und das Verhalten der Curie S. 51. — Friedrich I. und Otto von Freising S. 54. — Excurs S. 65.

Schlusswort . . . . S. 63

Druck der Univ.-Buchdruckerei von E. A. Huth.